你不醜，只是對方太美？結婚是因為你空虛寂寞覺得冷？

哲學
哪有這麼深奧

十六位哲學大師帶你將
複雜的理論化為逗趣的對談

劉帥・著

目錄

目錄

目錄

第十六章　沙特教授講「自由」

目錄

序一

在大多數人眼中，哲學可能是一門複雜深奧的學問，而且在當今競爭日趨激烈的社會之中，哲學似乎變得越來越跟不上生活的節奏。就像大多數人吃飽飯是為了不挨餓一樣，在大學階段選擇科系也成為定終身的大事了。

哪個科系是焦點、哪個科系好就業，哪個科系便成為眾人爭搶的對象。而哲學在這裡的地位就略顯尷尬了，在漫長的發展歷史之中，哲學似乎並沒有過超越其他學科成為焦點科系的經歷，也沒創下高就業人數的成績。所以哲學似乎成了人們眼中「食之無味，棄之可惜」的對象。

但是，真正接觸過哲學、了解哲學的人都知道，哲學是一門海納百川、貫通萬物的學科。它不僅研究人類生活中的基本和普遍問題，對於人類的起源、物質的構成、宇宙的變化規律和人與自然之間的關係，都有著深入的探討和研究。

古今中外的哲學名家們，用自己的一生鑽研、探討哲學問題。對於哲學的定義，不同的哲學家有著各自不同的觀點。

愛因斯坦認為：「如果把哲學理解為在最普遍和最廣泛的形式中對知識的追求，那麼，哲學顯然就可以被認為是全部科學之母。」

亞里斯多德則認為：「求知是所有人的本性。人都是由於驚奇而

序一

開始哲學思維的，一開始是對身邊不解的東西感到驚奇，繼而逐步前進，而對更重大的事情產生疑問，一個感到困惑和驚奇的人，便自覺其無知。」

黑格爾則將哲學看作「一種特殊的思維方式」。中國哲學家馮友蘭在《中國哲學簡史》中提出過自己對哲學的定義，他認為「哲學就是對於人生的有系統的反思思想」。

哲學是一種關於人生問題的科學，任何我們在人生過程中遇到的事情，都可以在哲學中找到答案。正如開篇提到的哲學所面臨的現實問題一樣，哲學可能並不會「讓人吃飽飯」，但哲學卻可以告訴人們「吃飯是為了什麼」。

有些人搞不清楚這兩個問題之間的關聯，如果用人生作比喻的話可以說，哲學可能並不會教會我們「人生之路怎樣走才會通向成功」，但哲學會告訴我們「人生的成功存在著多種不同的道路可以選擇」。

本書中，我們不去講述哲學產生和發展的歷史，不去剖析哲學發展過程中產生的各種問題，同時也不去討論哲學與金錢、就業、未來之間的關係。雖然不涉及這些有關哲學的基本內容，但這確實是一本非常有趣的哲學書。

因為在這本書中，你將會聆聽到 16 位古今中外的哲學名家對於自身哲學觀點的闡述。準確來說，你將會與本書的主角一起在課堂上聆聽這 16 位哲學教授的精彩講座。連續不間斷的 16 堂精彩哲學課，將會讓你沉浸在哲學的饗餐盛宴之中。

在面對內容豐富的哲學知識時，你並不會感到晦澀和乏味，因為你可以在課堂上發現這些知識在現代社會之中的不同表現。在課堂上，除了精彩的事例分析外，你還有可能遇到精彩的論點激戰，以及有趣的課堂互動。所以在這裡你將會領略到哲學的另外一種魅力 ——有趣。那麼下面就讓我們與故事的主角一起走進有趣的哲學世界吧！

序一

序二

　　顧夢萍是一位國立大學的哲學系新生，在顧夢萍看來，國立大學與哲學系總是顯得格格不入。相對於整體考生來說，顧夢萍的成績不錯，但與高水準考生相比，顧夢萍的成績又不怎麼樣，所以最後只能在國立大學和熱門科系之間選擇了前者。事實上，這所大學的哲學系也是國內頂尖學系。

　　顧夢萍左思右想也想不到自己與哲學之間存在怎樣的關聯，當然，在她正式上課之前，這個問題依然沒有解決。可能對於「問題少女」顧夢萍來說，自己除了愛問問題之外，真的沒有什麼其他方面會與哲學家們扯上關係了。

　　不過面對剛剛開始的五顏六色的大學生活，顧夢萍顯得幹勁十足。社團、學生會、辯論隊，舞蹈比賽、歌唱比賽、田徑比賽，在第一學期之中，顧夢萍展示出了一種超人般的表現力。

　　在積極參與大學活動的同時，顧夢萍的必修成績也並沒有疏忽。雖然對於哲學還是存在一些非好感，但「人畢竟要吃飯的」，做好本職工作是必要的。

　　在新學期，學校有了改革，利用先進的多媒體技術完美模擬真人，從而實現了一種時空跨越式的授課。同時，在哲學系方面，最新推出了一門選修課程 —— 由 16 位哲學教授共同主講的「趣味哲學」。

序二

　　雖然是選修課，但學校的選課大綱卻明確要求哲學系的學生必選。而且更加讓顧夢萍無法接受的是，這節選修課每週一次而且每次要講一上午四節課，這讓患有重度「起床障礙」的顧夢萍來說，已經對未來的大學生活失去了希望。

　　伴隨著第二學期的開始，籠罩在顧夢萍大學生活之上的那塊陰影開始迎面而來。而這時的顧夢萍則還在睡夢之中，現在的時間是星期一早上 7 點 50 分，太陽已經早早升起了，而顧夢萍則還賴在床上。因此顧夢萍的「趣味哲學」課就這樣開始了。

第一章

老子教授講「由來」

第一章　老子教授講「由來」

老子

　　本章主要講述了老子的哲學思想，其對於世界起源的認知，以及「道」學思想的核心。用現代化的故事情境包裝老子的傳統「道」學思想，可以讓讀者更好地理解老子所說的「道」究竟是什麼。

　　老子是中國古代偉大的思想家、哲學家、文學家，道家學派創始人和主要代表人物，被唐朝帝王追認為李姓始祖。老子是世界文化名人，世界百位歷史名人之一，今存世有《道德經》一書，其作品的核心精華是樸素的辯證法，主張無為而治。

第一節　麵包是怎麼有的？

　　雖然鬧鐘還沒有響起，但大腦似乎告訴顧夢萍今天與往常有些不同。顧夢萍好像冥冥之中聽到了室友的呼喚，睜眼一看，宿舍卻是空空蕩蕩的。

　　手機鈴聲將睡夢中的顧夢萍「拉」了起來，「老子啊，是老子，快來！快來！馬上上課了。」沒等對方說完，顧夢萍便掛掉了電話。坐在床上的顧夢萍仍然在努力回憶著什麼，突然！有如觸電一般，顧夢萍在轉瞬之間，就完成了起床、穿衣、疊被、洗漱等一系列動作。

　　這一系列動作酣暢淋漓、行雲流水，如果有人在旁圍觀的話，一定會擊掌叫好。同時，顧夢萍也會回以禮貌而又驕傲的微笑。當然，她現在再去回應觀眾的掌聲已經來不及了，因為這樣一來，顧夢萍便趕不上上課了。

　　隨手抓起書桌上的一塊麵包，顧夢萍向課堂「飛」去。準確來說，顧夢萍是遲到了，因為臺上的教授已經做完了自我介紹。但從另一個角度來說，教授還沒有講課，顧夢萍可能還不算遲到。當然從課堂之中以及上百名學生和教授的眼神中可以看出，顧夢萍應該是遲到了。

　　除了臺下學生和教授之外，臺上的教授也注意到了顧夢萍。看了顧夢萍一眼之後，教授向顧夢萍招了招手，示意顧夢萍來到講臺之上。略顯尷尬的顧夢萍似乎已經失去了思考的能力，直接走向了教授。這時的顧夢萍已經完全放空了自我，無論是頭腦中，還是眼前，都呈現出一種近乎純淨的白。

　　這種狀態一直持續到麵包被奪走，準確地說，是教授從顧夢萍的手中將麵包拿走。之所以前面會說奪走，是因為在這個過程中，顧夢萍出現了一種本能的反抗，以至於方形的麵包，到了教授手中已經變成一種長條的形狀。

　　「現在我們正式開始講課，這位同學就坐到那邊吧，臺下已經沒有位置

第一章　老子教授講「由來」

了。」教授指著臺上一角的小凳子說。

這時，顧夢萍才略微反應過來，緩緩走向「座位」的同時，她仔細看了一下眼前的教授。而與此同時，在她頭腦中閃現過一個極為精準的形容詞 —— 仙風道骨。沒錯，眼前這個老人家正是這樣的形象。

「那麼，我們的第一堂課就從我手中的麵包開始講起。請問這位同學，麵包是怎麼來的？」教授指著手中的麵包，向顧夢萍提出了問題。

「麵包，這個麵包應該是昨天小玉買了沒有吃完，剩下的那個。」顧夢萍站得直挺挺地答道。

顧夢萍的回答不僅引起臺下同學的哄笑，也讓教授拂鬚大笑起來。「哈哈哈，我不是問這個麵包是怎麼來的，而是說麵包是怎麼來的。」

「首先麵包來自於麵粉，然後麵粉來源於小麥，小麥加工成麵粉，進而加水變成了麵包。」顧夢萍依然站得直挺挺，但這段回答就像是在說夢話一般。

臺下的笑聲依然沒有間斷，「照妳這麼說，也可以做出小麥饅頭了嘛！好了，請坐吧！由我來講解一下這個問題。」教授笑著回應著顧夢萍的答案。

顧夢萍坐下之後，教授開始了課程的講解。「前面這位同學的答案，告訴了大家麵包的做法，同時，也可以理解為是人類創造了麵包。那麼如果我們跳脫出麵包這個概念，天地、日月、星辰、鳥獸都是從何而來呢？

「天地無人推而自行，日月無人燃而自明，星辰無人列而自序，禽獸無人造而自生，此乃自然為之也，何勞人為乎？」教授的一句古文，讓顧夢萍有些懵，本就看著教授有幾分面熟，這讓顧夢萍不得不更加仔細地去觀察眼前的這位教授。

「天地萬物都是自人類產生之前便自行存在的，它們的變化運轉並不以人

的意志為轉移，並不需要人來操勞。那麼在人類之外，是什麼東西創造了世間萬物呢？

「有物混成，先天地生。寂兮寥兮，獨立而不改，周行而不殆，可以為天下母。吾不知其名，強字之日道，強為之名日大。大日逝，逝日遠，遠日反。故道大，天大，地大，人亦大。域中有四大，而人居其一焉。人法地，地法天，天法道，道法自然。

「道可道也，非恆道也。名可名也，非恆名也。無名，萬物之始也；有名，萬物之母也。故恆無慾也，以觀其妙；恆有欲也，以觀其徼。兩者同出，異名同謂。玄之又玄，眾妙之門。」

在聽到了教授講出的一系列古文之後，顧夢萍終於知道了眼前這位教授的身分，原來他就是老子教授啊。正當顧夢萍激動不已之時，老子教授仍然在繼續講述著課堂內容。

「在天地萬物形成之前，便有一個渾然一體的東西，它超越萬物而卓然獨立，我將它命名為『道』，它也可以看作天下萬物的母親。天地之間的萬物，都是本於道而生，歸於道而化的。

「那麼宇宙的化生規律是什麼呢？道生一，一生二，二生三，三生萬物。（見圖 1-1）

道生一，一生二，二生三，三生萬物。

圖 1-1　老子的道

第一章　老子教授講「由來」

「那麼人是從哪裡來的呢？從道之中來。那麼人要到哪裡去呢？人當然也要往道中去了。那麼這位同學，我問妳這個麵包是從哪裡來的呢？」老子教授又對顧夢萍提出了問題，這一次顧夢萍顯得十分自信，回答的也是鏗鏘有力。

「從道中來！」顧夢萍答道。（見圖1-2）

「好！很好。無極之道本無一物，從混沌未分中轉生出混一之宇宙，是謂『一』；混一宇宙又分化出天地陰陽，是謂『二』；陰陽五行交感、天地和合，形成了各種矛盾的統一體，是謂『三』；各種矛盾的統一體更進一步形成形態各異的事物，是謂『萬物』。」老子教授解釋道。

圖1-2　老子的道

「了解了這個問題之後，對於接下來的課程內容，就好理解了。我在講下一個問題時，希望臺下的教授和同學們能夠多多動腦思考，多提些問題。」

第二節　麵包為什麼不是饅頭？

剛一下課，顧夢萍便從講臺上跑了下來。在臺上聽課的感覺實在令人尷尬至極，落荒而逃的顧夢萍自然遭到了同學們的「挖苦」。在「挖苦」之餘，

同學們對老子教授的形象開始議論紛紛。

　　如果用最簡潔的話語來形容老子教授，那麼「仙風道骨」自然是最合適不過的。而除這一點之外，老子教授還給人一種平易近人的感覺。正在大家議論紛紛之時，臺上的老子教授開始整理衣冠，準備繼續上課。顧夢萍則在臺下的角落之中找到了一個座位坐下。

　　「前面我們講到了『道』，在我看來，他是宇宙萬物的本源。正是由『道』開始，才演化出世間形態各異的事物。那麼下面我們再來詳細地講一講這個『道』的內容。」

　　「咦？先前講臺上這位女同學去了哪裡？是離開課堂了，還是在下面就座了？來來來，到臺上來，我們繼續講課。」隨著老子教授的話音落下，棲於臺下一角的顧夢萍被眾多學生和教授的目光鎖定，在眾目睽睽之下，顧夢萍又坐回到了臺上的座位。隨著顧夢萍的落座，引發了臺下小範圍的歡騰。

　　「下面我們繼續講課，那麼，在這裡我有一個問題，這個麵包是因何而存在的？」老子教授又拿起上節課的麵包，對顧夢萍提出了問題。

　　「或者說，以妳的理解，這個麵包作為一個物體，為什麼又被稱作麵包呢？」臺下的同學對於老子教授的這一問題十分疑惑，當然，這個問題對於顧夢萍來說同樣很難回答。但顧夢萍這一次表現得卻十分鎮定、從容。

　　「雖然在現實生活中，麵包是由麵包師傅加工出來的，但為什麼麵包會作為麵包存在，而不是作為饅頭而存在呢？因為它們在構成上明顯是不同的，那麼這個構成在哪裡不同呢？是因為麵粉的種類不同嗎？不對！前面老子教授說過了，它們都是由『道』構成的，所以也是『道』讓它們變得不同，也就是說在構成它們之時，『道』讓它們的存在變得不同。」

第一章　老子教授講「由來」

在顧夢萍一連串的回答之後，臺下一片寂靜，老子教授也沒有立刻回應顧夢萍的回答。在長嘆一口氣之後，顧夢萍坐在了椅子上，並用雙手按住發抖的雙腿，盡力表現出先前的淡定。

世間萬物的奧祕都存在於道中。

「這位同學回答得很好，她所回答的也正是我們下面要講的內容。這樣看來，上節課這位同學明顯是不在狀況內。」

「道者，萬物之奧。」（見圖1-3）

「大道氾兮，其可左右。萬物恃之以生而不辭，功成而不有。」

圖 1-3　萬物之意存於道

「道是一切存在的中心，道的存在不依存於其他任何事物，而其他任何事物都需要依存於道。世間的萬事萬物離開了道，便會失去萬物的根據。」老子教授又開始了「古今夾述」的講解。

「那麼，在這裡，大家有什麼疑問嗎？在我講解的過程中，有什麼疑問可以隨時提出來，我們一起討論分析。」老子教授的話音剛落，臺下便有同學舉起手來。

「您說道是萬物存在的根據，那麼您認為在我們的現實生活中，有哪些東西是依存於道的？或者說，您是認為您手中所拿的麵包也是依存於道而存在的嗎？」站起來提問的是一位戴著黑框眼鏡的男同學，仔細一看，這位同學的眼鏡片正如玻璃瓶底一樣厚。

「這個問題問得很好，既然提出了這個論點，就要有例子來加以論證。實際上，關於這個問題，如果我們仔細觀察生活以及自身周圍的那些事物，就

會發現其實萬事萬物都有其存在的依據，而這個依據就是我所說的道。」

「昔之得一者，天得一以清；地得一以寧；神得一以靈；谷得一以盈，萬物得一以生；侯王得一以為天一正。」（見圖 1-4）

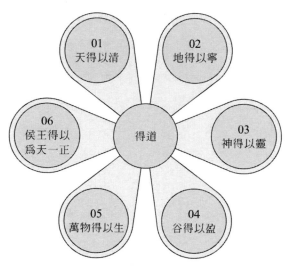

圖 1-4　萬物「得到」將生

「我們的生活之中，都有哪些事物得過道呢？天得過道，正因如此而變得清明；地得過道，正因如此而變得寧靜；我們人也得過道，得過道的人會變得更加英明；山川河谷得到了道會變得充盈；草木萬物得到了道，才能夠茁壯生長；從歷史之中，可以看到凡是那些成為天下首領的人，都曾獲得過道。」

「那麼如何證明它們曾獲得過道呢？有變化就說明獲得過道嗎？不然！因為變得更好才算獲得了道，而這些事物如果沒有獲得道的話，可能就會演變成為另外一種樣子。」老子教授如連珠炮般不停地說著。

「其致之也，謂天無以清，將恐裂；地無以寧，將恐廢；神無以靈，將恐

第一章 老子教授講「由來」

歇；谷無以盈，將恐竭；萬物無以生，將恐滅；侯王無以正，將恐蹶。」

「前面我所說的正是描寫沒有道作為依靠時，天地萬物將會呈現出的狀態。沒有了道，天便不得清明，而要出現崩裂；地則會不得安寧，而要變得崩潰；人則會無法保持靈性，可能會慢慢滅絕；河谷也會無法流水，變得乾涸；草木萬物也將無法生長，逐漸枯萎；那些擁有江山的人，也會失去自己號令天下的地位。」

「那麼麵包也是如此的，作為世間萬物，麵包也是依靠道而存在的。並且因為道所賦予它的內容的不同，麵包所呈現出來的形態也與其他萬物有異，所以它才能區別於饅頭而成為麵包。」老子教授慢慢走到了顧夢萍的旁邊，將麵包還給了顧夢萍。

「道不屬於矛盾對立的任何一方，但矛盾雙方卻因道而產生。道不具有任何的規定特性，但一切事物的規定性卻由此而來。道也不具有差別性，但一切以道為依存的事物卻因此而產生差別。

「正是這些原因決定了道是一切事物的共同本質。而任何事物都從道之中獲得了構成自身的各種特殊本質。這也就形成了世間紛繁複雜的各種事物形態。

「世間萬物紛繁複雜，道卻是恆久不變的。而道的內容，除了前面我們所講到的，還有很多。」

第三節　爭搶麵包有什麼用？

利用休息時間，顧夢萍飛快地吃完了已經變形的麵包。由於休息時間短暫，只能用這麵包來慰藉自己已經飢餓不堪的胃了。對於飢餓不已的顧夢

萍，同學們則是極盡調侃之能事，「老子教授的精神食糧還不夠妳吃嗎？」「坐在那麼前面的位置還不夠吃嗎？」「對啊，對啊，精神食糧難道不比這麵包強多了啊？」

面對同學的調侃，本就沒有精神的顧夢萍顯得更加萎靡。現在似乎沒有什麼東西能夠吸引她的注意，除非是一頓免費的午餐。轉眼間，老子教授似乎又開始整理自己的衣冠，下一堂課又開始了。

顧夢萍這一次徑直走到了講臺上的座位坐好，老子教授對著顧夢萍會心一笑，這讓顧夢萍無神的雙眼充滿活力，又一次打起精神來，很顯然，老子教授似乎又有什麼難題需要顧夢萍來回答。

「這一次這位同學很準確地找到了自己的座位，十分不錯，正好，我這裡還有一個問題需要人來解答。咦？妳的麵包沒有了啊，那麼我們就不再討論麵包的問題了。在我看來啊，麵包對於人類的生存來說有用，但並不能夠作為人生的最終追求。」

「那麼，這位同學，對於妳來說，人生應該去追求什麼呢？」對於老子教授的提問，顧夢萍沒有反應過來，因為她還沉浸在前面麵包的故事之中。身體上的飢餓讓她一心只想著追求麵包，而當老子教授再次對顧夢萍提問時，她才從麵包的幻想之中驚醒過來。

「人的一生應該追求的是真理，是那些對人類有益，對社會有利，對國家建設有積極作用的東西。要相信麵包會有的，牛奶也會有的，這些東西都會在追求真理的道路上獲得。」顧夢萍隨口而出的一席話，引得講堂中一片歡笑，老子教授也是無奈的笑了笑，並轉身回到了講臺中間。

「妳要是一直這樣回答我要講的內容，臺下的同學們可能會認為妳是我請

來的『托』了。」老子教授對於顧夢萍的調侃並沒有傳到顧夢萍的耳朵之中，因為她再一次沉浸到了追求麵包的幻想之中。

「好了，也正如這位同學所說，我們所追求的應該是客觀的真理。當然在這裡，我所說的還是道。」

「天長，地久。天地之所以能長且久者，以其不自生也，故能長生。是以聖人後其身而身先，外其身而身存，非以其無私邪？故能成其私。」

「天地之所以能夠長久不變地運轉，是因為它們自然地運行並不是為了自己的生存，正因這樣，它們才能夠長久生存。而那些能夠在眾人之中保持領先的人，往往都是那些懂得謙讓，將自己置之度外的無私的人。也正因為這樣他們才能夠始終保持領先。」

「所以，人應該如天、地一樣，自然而清靜無為。這也應該是人類所追求的最高境界。天地有道而能夠恆久運轉，而有道的人也能夠領先於其他眾人。當然在這裡，我還有一個更好的比喻來說明人應該追求的東西。」老子教授緩緩向前走了幾步。

「上善若水。水善利萬物而不爭，處眾人之所惡，故幾於道。居，善地；心，善淵；與，善仁；言，善信；政，善治；事，善能；動，善時。夫唯不爭，故無尤。」（見圖 1-5）

水善利萬物而不爭，處眾人之所惡，故幾於道。

圖 1-5　水之性

　　「在現實生活中，人類其實有一個很好的傚法榜樣 —— 水。高尚的人應該具有水一樣的品性，他們應該如水一般，既柔又停留在卑下的地方，去默默地滋潤萬物，與世無爭。這應該是最為完善的人格才能夠具備的心態和行為。（見圖1-6）

圖1-6　上善若水

　　「那些能夠做有利於眾人的事情卻依然與世無爭的人，願意默默無聞地去做別人不願意做的事情的人，能夠貢獻自己的力量去幫助別人的人，他們往往都是高尚的人。」

　　「老子教授，我們生活的時代與您所生活的時代並不相同。在您那個時代，是金子可能早晚會發光，但在我們這個時代，發光的往往是那些鍍金貨，真正的金子往往會被掩埋。而如果這時候再不去爭、去奪的話，我們的生活中豈不會充滿越來越多的鍍金貨了嗎？」一位高高瘦瘦的同學提出了自己的問題。

　　「那麼你是願意成為這種『鍍金貨』呢，還是願意成為真正的金子？」老

第一章 老子教授講「由來」

子教授並沒有因為這位學生的隨意發言而生氣，反而對這位學生的問題展開了反問。

「當然是金子了，誰都知道那些『鍍金貨』沒有什麼真材實料，為什麼要成為『鍍金貨』。」這位同學似乎想要跟老子教授辯論一番。

「既然這樣，那麼你認為自己現在是金子嗎？」老子教授繼續著自己的追問。

「雖然不是金子，但至少要比那些『鍍金貨』要好得多。」這位同學的語氣顯然比之前更加急切了一些。但老子教授依然保持著拂鬚微笑的姿態。

「好，你有一顆成為金子的心就足夠了。事實上，我並不喜歡金子，反而更喜歡水一些。所以對於前面同學提出的問題，我還是用水來作答。」

「江海之所以能為百谷王者，以其善下之，故能為百谷王。」

「那些江河湖泊之所以能夠成為百川匯合之處，是因為它們善於處在低下的地方。雖然江水可能發源於山巔之上，但最終還是會流到低處匯合成江海。正是它們不與人爭，才會出現每人能夠與之相爭的局面。」

「水正是一種不爭且柔軟的物質，但正是這種最為柔軟的物質，卻能夠穿梭在最為堅硬的東西之中，從而以無形的力量去穿透本沒有間隙的東西。這正是以柔弱戰勝剛強的例子。」

「那麼對於前面同學所提出的『鍍金貨』究竟是剛強，還是柔弱呢？答案是表面剛強，內在柔弱，這種物質是最容易塑造，也最容易摧毀的東西。當然其存在也是有期限的，它們不可能會像那些表現出柔弱卻十分剛強的物質一樣，長久地存在下去。」

「在你們現在的社會中，人們一個個的都在爭搶著麵包，他們很多時候都

忘記了麵包是怎麼來的。正如前面所說，麵包並不是人生最終的追求。我們的人生究竟應該追求什麼呢？這個留在下節課來講解。」

第四節　麵包不用去追求

「前面我們講到了『麵包是怎麼來的』、『麵包為什麼是麵包』，以及人們都在爭搶麵包這些問題。同時我們還留下了一個問題，下面在這節課之中，我們將這個問題作為總結，我們的人生究竟應該追求什麼？」

吃飽飯之後的顧夢萍顯然精神了很多，對於麵包的問題也早已拋在了腦後。老子教授的最後一堂課，顧夢萍準備卯足精神好好聽講。

「那麼，這位同學我們接著妳上節課回答的那個問題來講述這節課的內容。」老子教授走向顧夢萍的方向。

「上節課妳說人的真正追求是真理，然後又提到了麵包會有的，牛奶也會有的這一論述，妳能告訴我妳的根據是什麼嗎？」雖然精神集中，但被老子教授這樣一問，顧夢萍還是陷入思考的困境之中，她努力讓自己平靜下來。然後讓大腦中的思緒飛速旋轉，但顯然因為吃得太多而影響了思考的效率。

「莫不是因為麵包是真理所創造的，然後牛奶也是真理所創造的，最終真理是道的一種表現？」顧夢萍已經完全不知道自己在回答什麼，只是大腦仍然在思考，但是答案已經透過語言表述出去了。至於這個答案是不是真的來自大腦的思考，顧夢萍顯然已經不記得了。

「哎呀！這個女同學可真是冰雪聰明啊，每一次都能夠準確地回答出問題的關鍵，就好像考試之前，教授提前洩題了一樣。」老子教授顯出了滿臉的欣喜，好像很久沒有遇見這樣一個能夠讀懂自己的人一樣，如果是在私人場

第一章　老子教授講「由來」

合，老先生似乎就要跳起來了。

「在我看來，麵包是不用去追求的，人生所追求的終極目標就是道。那麼在最後的課程裡面，我們再系統地總結一下道的內容。」

「道之為物，唯恍唯惚。惚兮恍兮，其中有像；恍兮惚兮，其中有物；窈兮冥兮，其中有精，其精甚真，其中有信，自今及古，其名不去，以閱眾甫。吾何以知眾甫之狀哉？以此。」

「首先從形態上來看，道並沒有清楚固定的實體，更多時候它呈現出一種恍恍惚惚的狀態。雖然外形顯得頗為模糊，但其內在卻有著精質的實物。那麼，透過道我們能夠認識到什麼呢？透過道我們可以觀察到萬事萬物初始的狀態，也就是說我們可以知道萬事萬物是如何開始的。」

「另外，道又是永恆存在的，是物質的。道並不是世間之中的一種或一類物質，我們我無法去觸摸它，只能去感知和領會它的存在。而在這個過程之中，道又是始終在循環運動的。」

「反者道之動，弱者道之用。天下萬物生於有，有生於無。」

「道在循環運動之中，又在不斷發揮著自己的作用，雖然這種作用微妙、柔弱，但它卻引導著天下萬物的生成與運行。所以說，道又可以被看作一種規律般的存在。」

「那麼既然作為一種引導萬事萬物運行的規律，那麼具體來說這種規律又表現在哪些方面呢？有哪位同學知道這個問題的答案呢？」

「陰陽」、「對立統一」、「矛盾」，講臺下面的同學紛紛表達著自己的觀點，似乎對於老子教授所要講解的內容已經研究得十分深入了。顧夢萍則還沉浸在前面老子教授所說的「麵包是不用追求的這句話」，她總是搞不清為什麼

有了道，就不用再去追求麵包。當然這種想法並不是出於填飽肚子的考慮，而是出於一種謹慎的思考。

「在這裡，需要指明的是我所講的道作為一種規律，並不是大家所理解的抽象的規律，而是指道發揮著規律的作用，也就是說它像是規律一樣來引導萬物的運行。

「有無之相生也，難易之相成也，長短之相刑也，高下之相盈也，音聲之相和也，先後之相隨，恆也。」

「甚愛必大費，多藏必厚亡。故知足不辱，知止不殆，可以長久。」

「將欲歙之，必固張之；將欲弱之，必固強之；將欲廢之，必固興之；將欲取之，必固與之。」

「天地間的萬物往往都是對立統一的，有和無、難和易、長和短都是對立而生，相對形成的。而在另一方面，過分地追求名利會付出更多的代價，過分的積聚財富可能會遭受更大的損失，這是一種物極必反的規律。正因為事物往往都是向著它相反的方向轉化的，所以，我們在面對這些事物時，就應該反其道而行之，由反入正去解決問題。」

「了解了道的規律作用可以更容易幫助我們去處理生活中的事務。而在道的內涵之中，對於大家來說最為重要的一點，是人生之道。」

「對於人生之道，在這裡送給大家一段話，具體的內涵大家要自己去體會，希望這句話可以對日後大家的行為方式產生積極的影響。那麼這樣也就沒有辜負我為大家所講的這一堂課了。」

「信言不美，美言不信。善者不辯，辯者不善。知者不博，博者不知。聖人不積，既以為人己愈有，既以與人己愈多。天之道，利而不害。聖人之

第一章　老子教授講「由來」

道，為而不爭。」

　　老子教授說完這句話之後，轉身走進了幕布之後，隨之講堂上的燈光全部亮起。幕布後面跑出的助教開始點名讓大家有序離場，這說明第一堂「趣味哲學」課結束了。

　　咦？顧夢萍好像還沒有回過神來，原本就滿腦子的疑惑，現在的疑惑似乎以千萬個數量級在爆發式成長。這就完了？麵包的問題呢？麵包為什麼不用追求啊？顧夢萍呆立在講堂之上，回過神來之後，她跑到幕布後面想要向老子教授問清楚自己的疑問，但讓她驚訝的是老子教授就好像憑空消失了一樣，不見了蹤影。

第二章

孔子教授講「中庸」

第二章　孔子教授講「中庸」

　　本章主要講述了孔子關於「中庸」的思想，中國古代哲學家對於中庸有著不同的見解，其中唯有孔子的「中庸」思想流傳最廣。作為一代聖哲，孔子的「中庸」思想並不是獨立於其哲學體系之外的，而是與其他哲學思想緊密相連，讀者在閱讀過程中需要仔細感受。

　　孔子在古代被尊奉為「天縱之聖」、「天之木鐸」，是當時社會上最博學者之一，被後世統治者尊為孔聖人、至聖、至聖先師、大成至聖文宣王先師、萬世師表，被列為「世界十大文化名人」之首。其儒家思想對中國和世界都有深遠的影響。

第一節　剛剛好就是最好嗎？

　　經過了一週時間，顧夢萍頭腦之中關於老子教授所講的內容已經遺忘了十之八九。對於在各個方面都興趣頗廣的顧夢萍來說，想要讓她長時間將注

意力集中在一個方面，顯然是不可能的。所以對於麵包為什麼不用去追求的問題，也已經被她拋到了九霄雲外。但對於新一週的「趣味哲學」課的上課時間，她倒是沒有忘記。

顧夢萍心想，上一堂課的尷尬絕對不能在這一堂課之中上演。所以在這天一早，她便和同宿舍的夥伴一同在講堂的前排占好了位置。因為學校沒有提前公布講課教授的名單，所以對顧夢萍和其同學來說，每堂課的猜教授也成了上課的「趣味」之一。

正在大家不亦樂乎地猜測著今天的教授是誰的時候，講堂上的燈光一下子全部熄滅，而後講堂中間被幾束燈光所照亮。在燈光聚焦之處，一位體型中正的老者站立其間，顧夢萍唯一的感覺就是這位老者身材高大，給人一種威武的感覺。

「我看臺下來了很多的同學和教授，座位剛剛好坐滿，在我看來這種狀態是最好的狀態。如果人坐得太滿超出了座位的數量，有很多同學站著聽課的話，那麼效果肯定是不會太好的。如果人數太少沒有到達座位的數量，那空餘的座位又會造成空間的浪費，也不是太好的。所以現在是剛剛好的狀態。」

臺上的教授自顧自地說了起來，臺下的同學們似乎還沒有反應過來，顧夢萍也是一頭霧水的不知所以。顧夢萍的注意力依然集中在教授的形象上面，而沒有注意聽教授所講的內容。

「那麼下面請坐在前排的幾位同學到講臺上來，與我一同來為大家講課。」顧夢萍又一次幸運地與前排的同伴被選中到講臺上，大家圍在教授的身邊面向臺下坐好，這一次顧夢萍似乎看清了這位教授的形象，這位正是孔子教授。

第二章　孔子教授講「中庸」

　　「好，那麼我們現在開始這節課的內容。這節課就從剛剛我提到的剛剛好就是最好的狀態開始，關於這個內容，我將其總結為『中庸』。

中庸是一種美好的道德，但卻很少有人去關注。

　　「中庸之為德也，其至矣乎！民鮮久矣。（見圖 2-1）

　　「首先，我將中庸看作一種道德，而對於大多數人來說，這種最高的道德已經甚為缺乏了。即使在你們現在的生活之中也是如此，很少有人會去注重中庸這種道德了。那麼關於這個問題，你們是怎麼看的呢？」

圖 2-1　中庸為美

　　隨著教授的提問，講堂之中的議論之聲也漸漸變大，坐在臺上的同學們也是一個個交頭接耳地在交談。

　　「那麼這樣，大家一個一個地來表達自己的觀點，臺上的同學們你們是怎麼看待中庸這個問題的？」教授開始環顧臺上的諸位同學。

　　「中庸是一種為人處世的態度，處事不偏不倚，為人中正調和。」同學小 A 說道。

　　「中庸是說一個人做事點到為止，不能太過。」小 B 也提出了自己的觀點。

　　小 C 則說：「處事圓滑也是中庸的一種表現。那和事佬還是中庸呢。」

　　「不對！你們那說的是消極的、庸俗的觀點，中庸是積極的。」小 D 則一口否決了其他人的觀點。

　　「不對！中庸才不全是積極的呢，魯迅先生也認為中庸是一種消極的態

度，阿 Q 的精神還可以成為中庸呢。」小 C 反駁道。

「不對，不對！你說的那個中庸已經偏離了教授要講的中庸了，那是庸俗的。」小 A 也提出了自己的反對意見。

聽著臺上同學的議論，顧夢萍彷彿找到了在辯論隊中的那種感覺。分坐在教授兩邊的同學各代表一支隊伍，圍繞著教授的問題，展開了激烈的辯論。中庸究竟是什麼？它到底是積極的，還是消極的？顧夢萍漸漸有了興致，開始將自己的開關調整到了辯論模式。

「關於中庸的問題，不能完全說是積極的，還是消極的，所有問題都需要一個特定的情境，這樣我們才能夠判斷那時的中庸是有價值的，還是一種懦夫的表現。」在顧夢萍的發言結束之後，教授將話題接了過去，講堂也一下子安靜了下來。

「看樣子在中庸這個問題上面，大家考慮的還是比較深入的啊。那麼下面我來說一下我的觀點。

「我將中庸理解為幾層不同的意思，首先它是一個較高的道德境界，一般人很難能達到，而這也是評價君子的一個重要標準。其次中庸更是一種方法，這一點可能是大家都沒有提到的，中庸的重要意義在於庸中，也就是使用中道的方法。最後一點是關於中庸的原則性，這一點也是很重要的，不能忽視。（見圖 2-2）

「中庸這種道德境界大家都應該清楚，我主要來講一下關於中庸的方法性與原則性。

第二章　孔子教授講「中庸」

圖 2-2　中庸

「曾經我的一個學生問我，我的學生子張和子夏兩個人在性情上哪個比較好。我的回答是『師也過，商有不及』，如果從一個標準判斷的話，子張有些過，而子夏則有些不及。在我看來，兩個人都應該向中間的標準靠攏，也就是『庸中』，去完善自己的性情。

「君子中庸，小人反中庸。君子之中庸也，君子而時中。」

「那麼中庸是不是不要原則，是不是和事佬，是不是要迎合大多數人的主張呢？在我看來不是的，正如前面所說，君子能夠隨時做到剛好，無過也無不及。而小人則往往會違背中庸，易走一些極端。」

「中庸是要隨時符合標準，而不是隨時降低標準。那些畏懼強權，或是自欺欺人的做法，並不能算作中庸的表現。」

「所以說中庸既是一種理想的境界，也是一種普遍的方法。我們要在世間的諸多對立之中，找到一種和諧的狀態，用和諧來對抗對立、克服對立，這才是中庸之道。」

第二節　我們需要聽天由命嗎？

「關於中庸的問題，我們在這節課就不繼續討論了。那麼剩下的問題就留給在座的同學們自己去思考了。我們接下來要講述的概念叫做『聽天由命』。」

顧夢萍和同學們還沒有從「中庸」的討論之中回過神來，教授便提出了下一個話題。原本對於「中庸」還充滿熱情的顧夢萍，顯出一種戀戀不捨的表情。雖然思維上的跳躍可以接受，但情感上還是很難轉換過來的。顧夢萍的腦子裡現在不知道在想些什麼，只聽到了「天」和「命」這兩個字。

「在這個概念之中，需要在座的同學們考慮的問題有兩個，也就是前面概念中的兩個重要內容 —— 『天』和『命』。在各位看來，這個『天』是什麼樣的天，而『命』又是什麼樣的命呢？」

議論聲再次隨著教授的提問而響起，在大家的聲音之中，可以聽得清晰的大概有幾種不同的意思。

小 A：「天可以是自然界的天，命則是我們的生命。」

小 B：「天是一種自然的規律，但命應該是生物學中的概念。」

小 C：「天是一種象徵，命是一種表現。」

小 D：「有的人活著，但是他已經死了，這就是命沒有了。」

此起彼伏的討論聲過後，隨之而來的是一片寂靜。講臺下面的學生就像是犯了錯的孩子一般不再出聲，講臺上面的同學們也是一個個面面相覷。全場的焦點再一次聚集在了教授的身上。

「好，各位的回答還真是內容豐富、條理清晰啊。那麼在臺上的各位同學

對這兩方面的內容有更多的認識嗎？」

「天和命如果放在一起的話，也是可以講得通的。」戴著金邊眼鏡的男生說道。

「對，天命也可以是一個概念，這說明它們在意義上也是有著一定的相通之處的。」高個子的男生似乎也同意他的觀點。

「那麼具體是在哪些方面相通呢？」看到臺上的兩個同學出現了停頓，教授對於這兩個同學的問題展開了追問。

「這個，具體來說也和其他同學所說的意義差不多。」戴著金邊眼鏡的男生說道。

「嗯，應該是差不多的。」高個子的男生應和道。

「好的，我來說一下我眼中的『天』和『命』的看法。首先，對於大多數人來說，天可能具有一種高高在上、支配萬物的感覺，而命則是一種被上天安排好的東西。這也是前面兩位同學所說的天與命的關聯之所在。

「在我看來，天不僅是一種客觀的自然存在，同時它還具有一種特殊的力量，天掌握著世間萬物，同時還會傳授道德予我們。

「天何言哉？四時行焉，百物生焉。天何言哉？

「雖然是萬物的主宰，但天並不會始終控制著世間的萬物。天對於人的主宰更多是一種約束，而不是禁錮。（見圖 2-3）

「天生德於予，桓魋其如予何？」

上天不會禁錮世人，那些難以前行的人，往往是自己限制了自己。

圖 2-3　天不束人，人自縛

「在一次我從衛國前往陳國，途經宋國時，我和學生們正在大樹之下演習周禮的儀式。而桓魋將大樹砍倒之後，還想要謀害我，學生們十分擔心我的安危，連忙保護我離開。但是在我看來，因為上天將仁德賦予了我，所以桓魋是沒有辦法傷害到我的。

「這便是我所說的上天將會賦予人道德，所以說上天是具有神祕的力量的，它能夠將一些特殊的使命賦予人們。」

「教授，您所說的意思是天上有神靈在觀察著我們嗎？我們表現得好就會受到獎勵，我們表現得不好就會遭受懲罰嗎？」顧夢萍在教授停頓的間隙提出了這個問題，一口氣說完之後，顧夢萍卻感覺自己提的問題有些不妥。

「上天是否有神靈這個問題，因為我們沒有親眼見過，並且也沒有聽說過別人看見過，所以也很少會談論這方面的問題。而至於上天是否會根據人們的表現來施行獎勵或懲罰，這個問題，我可以在下面的論述中解答。

「道之將行也與，命也；道之將廢也與，命也。」

「命是一種人力所不可控制和預測的力量，也可以說人類是沒有辦法去掌控已經設定好的命運的。所以我們不應該去盲目追求那些在我們命運之外的東西，因為那些東西是不屬於我們的。」

「吾十有五而志於學，三十而立，四十而不惑，五十而知天命，六十而耳順，七十而從心所欲，不踰矩。

「君子有三畏：畏天命，畏大人，畏聖人之言。小人不知天命而不畏也，狎大人，侮聖人之言。（見圖 2-4）

畏天命　　畏大人
君子三畏
畏聖人之言

圖 2-4　君子三畏

　　「其實，更多情況下，將『天』與『命』放在一起是比較好理解的。天命是在我們人生中出現的一連串的偶然事件的總和，而『知天命』便是要知道這些事件發生的大致規律，然後由此來預測出自己的人生發展規律。在這個過程中，我們便可以知道，哪些事情是輕易就可以得到的，哪些事情是透過努力可以得到的，還有哪些事情是即使努力也無法得到的。

　　「當然這種對於『天命』的把握，在我看來，至少一個人在五十歲左右才能夠完成。那麼既然我們知道了『天命』的這些內容，是不是說就可以改變或是藐視『天命』了呢？並不是的，我們還需要『畏天命』，對『天命』懷有敬畏才能讓我們走得更遠。

　　「在我看來，聽天由命並不是一種消極的生活態度，更多的是一種在『知天命』之後，抱有的一種『畏天命』的態度。當然人們可以透過更加積極的方式去影響『天命』，但如果想要使用蠻力去改變『天命』的話，最後很可能沒有辦法達到自己的目的。」

第三節　不動手就是君子嗎？

　　從教授前面所講述的內容之中，顧夢萍已經認出了講課的正是孔子教授。但對於教授所講的內容，顧夢萍總是覺得沒有講到「點子」上。按理說，孔子教授應該拿出自己最為擅長的學說來講才是，怎麼到現在也沒有聽到呢？

　　「前面我們講到了中庸以及天命的內容，下面我們來講一講君子的問題。當然在最開始，依然有一個問題，什麼樣的人才能夠被稱得上是君子呢？」

　　「為了節省時間，這一次還是由臺上的同學們做代表發言吧。」這一

次孔子教授沒有給大家討論的機會，又一次將答題的任務放在了臺上同學的身上。

「君子動口不動手。」顧夢萍早就想到了孔子教授的「套路」，第一個說出了答案，雖然這個答案看上去並不正經。

小Ａ：「君子成人之美，小人乘人之危。」

小Ｂ：「君子坦蕩蕩，小人長戚戚。」

小Ｃ：「君子之交淡如水。」

小Ｄ：「君子和而不同。」

在顧夢萍的帶動下，臺上的同學紛紛說出了自己的答案。一時間關於君子的名言警句層出不窮，講臺上的同學們就如比賽一般，搜腸刮肚地將自己所知道的與君子有關的名言警句一股腦地說了出來。

「好好，到此為止，再讓同學們說下去，一些同學就要把我下面所講的內容說完了。」孔子教授及時制止了臺上的學生繼續發言，開始自顧自地講了起來。

「在我看來，君子首先應該具有一定的品德，其次，君子的內在品德應該在外在表現出來。下面我主要從兩個方面來講解君子的內容。」

「富與貴，是人之所欲也，不以其道得之，不處也；貧與賤，是人之所惡也，不以其道得之，不去也。君子去仁，惡乎成名？君子無終食之間違仁，造次必於是，顛沛必於是。」

「富貴是人們所追求的，貧賤是人們所厭惡的，但對於君子來說，用不正當的方法獲得富貴，用不正當的方法拋棄貧賤，這都是錯誤的做法，是不可取的。對於君子來說，仁德是必不可少的最為本質的特徵，君子就是要在任

何場合之中，都始終遵循仁德的要求。」

「同學們很喜歡將君子與小人放在一起去對比，而正是將這兩種人放在一起對比，我們才能夠看出君子在道德方面的高尚情操。」

「君子懷德，小人懷土；君子懷刑，小人懷惠。」

「君子喻於義，小人喻於利。」

「君子上達，小人下達。」

「上面這些內容都是君子與小人之間的區別，君子所關注的始終都是大德大道，而那些小人往往只會關注那些小惠小利。君子即使在窮困潦倒之時也會堅持道義，而小人則只會想盡辦法讓自己變得富貴。」（見圖2-5）

圖2-5　小人與君子

「那麼，孔子教授，您認為君子擁有了道德之後，就不需要去考慮窮困的問題了嗎？人不是要首先確保自己的生存嗎？」坐在教授身旁的一個胖胖的男同學向孔子教授提出了這樣一個問題。

「人的生存問題當然是需要考慮的，而君子當然也會遇到貧窮的問題。記得曾經我的學生也問過我同樣的問題。」

「那一次是我們一同被困在陳國，但是糧食已經沒有了，很多人都餓得爬不起來。正是在這種情況之下，我的學生向我提出了這樣的問題『君子也有窮困得沒有辦法的時候嗎？』對於這個問題，我的答案也很明確，當然有，但是與小人相比，君子在這種時候，並不會選擇做出錯誤的事情，而小人往往會在窮困的時候胡作非為。」（見圖 2-6）

成為君子很難，成為小人卻很容易。在努力成為君子的過程中，千萬不要一不小心成為小人。

圖 2-6　成君子難，做小人易

「現在你問我君子是否需要考慮生存和窮困的問題，答案也是一樣的，問題是需要考慮的。當君子真正遇到了那樣的情形時，他們往往能夠做出正確的選擇，而不會做出錯誤的事情。」

「那麼是不是說，具有道德的人就是君子了呢？這一點還不能輕易下結論，在這裡我們只能得出，具有道德的人並不是小人，卻不一定是君子。」

「這裡我們就來講一下君子的第二個方面的特徵，也是君子特質的一種外在表現，那就是君子風度。君子風度簡單來說就是君子身上所具有的那

些優秀的特質，包括待人處事之時的態度，與人交往之時的行為等方面的內容。」

「君子義以為質，禮以行之，孫以出之，信以成之。君子哉！」

「君子求諸己，小人求諸人。」

「君子矜而不爭，群而不黨。」

「君子不以言舉人，不以人廢言。」

「與『君子坦蕩蕩』一樣，上面這些內容就是對君子風度的一種最好說明。君子在行事之時以道義為基礎，透過禮儀去實行，然後用謙遜的語言表達自己的觀點，用誠實的態度來完成整件事情。這些特質正是君子風度的重要表現。」

「君子還能在嚴於律己的同時，還能夠做到寬以待人。雖然與他人聚在一起，卻能夠與他人保持一定的距離，不結黨、不營私。在與人結交的過程中，君子不會因為一個人的正確言論而進行推舉，也不會根據一個人一時的錯誤言論而否定他人。君子的胸懷往往是寬厚、善良的。」

「所以，在我看來，君子不僅要具有道德方面的操守，明確自己在社會之中的責任與義務。同時還需要具備寬容、禮讓、謙遜等各種優秀的行為品質，對人對事的時候時刻表現出一種君子的風度來。」

「好了，那麼現在各位同學們可以依照我所講到的這些內容來確定一個衡量君子的標準。隨後可以用這樣的標準去衡量一下自己，再衡量一下社會之中，處在聚光燈之下、鏡頭之前的成功人士們。」

「要記住，時代在變，但衡量君子的標準始終都沒有改變。如果你發現在這個標準之下社會之中沒有君子，那麼一定是社會發生了某些改變。」

第三章

赫拉克利特教授講「運動」

第三章　赫拉克利特教授講「運動」

　　本章主要介紹了哲學家赫拉克利特（Heraclitus）關於「運動」的思想，赫拉克利特認為世界的本原是火，火可以轉換為其他物質，是它開創萬物，並推動著世界的發展。本章在具體內容上，主要選取赫拉克利特的代表觀點，將其嵌入故事之中，讓讀者理解起來更加容易。

　　赫拉克利特是一位富有傳奇色彩的哲學家，也是愛菲斯學派的代表人物。他的理論以畢達哥拉斯（Pythagoras）的學說為基礎。他借用畢達哥拉斯「和諧」的概念，認為在對立與衝突的背後有某種程度的和諧，而協調本身並不是引人注目的。他認為衝突使世界充滿生氣。

第一節　你就是火，運動的火

　　「按照前面兩節課的套路，今天這節課不出意外，來的肯定是孟子教授。」顧夢萍邊走邊與旁邊的同學交流著。自從前兩節課過後，「趣味哲學」課成了學校中的一個焦點，不僅是哲學系的學生，許多其他系所的學生都會來旁聽。所以如果不提前一些到教室的話，可能連座位都沒有了。

對於顧夢萍的論斷，同學們並沒有反對。似乎在老子、孔子之後，大家最容易想到的就是孟子了。「啊，對了，還有可能是莊子教授。」正大口吃著早餐的顧夢萍又補充道，同學們依然沒有對顧夢萍的話做出反應。大家似乎都還沒有從睡夢之中清醒過來，難得的是這一天的顧夢萍倒是精神得不得了。

來到課堂，眾人在中間偏後的地方找了一處位置，剛剛坐下來，講堂之中便響起了音樂。

「你就像那一把火，熊熊火焰溫暖了我，你就像那一把火，熊熊火光照亮了我。」在場的同學都被這首音樂所吸引，紛紛朝講臺之上望去。但令人失望的是，並沒有人在臺上唱這首歌，發出聲音的應該是講堂之中的音響設備。

顧夢萍開始隨著旋律擺動起來，雖然同學們都在用異樣的眼光看著她，但她依然樂此不疲地擺動著身子。但很快，顧夢萍發現，這並不是一首完整的歌曲啊，雖然過了很長時間，但歌詞總是在循環著「你就像那一把火，你就像那一把火」。反覆聽著這樣的歌詞，讓顧夢萍不由地覺得自己似乎都快成為一把火了。

而正當顧夢萍把自己當作一把「燃燒」的火時，音樂卻戛然而止了。

「各位同學們，現在我們開始上課，今天的課由我來為大家講述。」一位上了年紀的老者出現在了講臺之中，雖然已經一把年紀，但看得出老人家一身英氣，充滿了貴族氣質，而且從外貌上看，很明顯是西方人士。

雖然猜錯了教授讓顧夢萍很「受傷」，但這位教授的出現顯然吸引了顧夢萍的注意。

第三章 赫拉克利特教授講「運動」

「首先我得說來到這裡非常榮幸，但聽說這一次並不僅僅由我一個人來為大家講課，這讓我覺得又有些不高興。大家需要獲得的是知識，而不是那些誰都能夠講出的事情，如果總是學習一些那樣簡單、平凡的東西，你們是沒有辦法成為優秀的人的。」

「那麼在這裡我就來談一下我的一些在哲學上面的看法，你們可以將這些當作人生的智慧。」

顧夢萍似乎在這位教授的身上看到了「霸道總裁」的影子，至少從短短的幾句話中，這位教授所展現出來的確實是一種孤傲的氣質。對於顧夢萍這樣的女生來說，顯然這位教授要比前兩位教授更吸引自己。

「首先，我想要講的是世界是什麼樣子的，人類又是什麼樣子的。看上去這似乎是兩個問題，但實際上這是一個問題，因為無論是世界，還是人類，又或者是其他什麼東西，它們都是一樣的。」

「世界上一切相同的東西並不是神所創造的，當然也不是人所創造的。無論在過去、現在，還是在未來，它們都是一團永恆的活火，它們會在一定分寸上燃燒，然後在一定的分寸之上又會熄滅。」（見圖 3-1）

「這是我對於世界本原的論述，你們也可以把它理解為一種『火本原』的理論。在這個理論之中，有兩個重要的方面，是你們應該明確記住的。首先從外在的形態來說，世界的本原是火的形態，它開創萬物。其次在內在方面，火的本性原則又決定著這個世界的運動方

世界的一切都是一團永恆的活火，它開創萬物，又推動世界的運動發展。

圖 3-1 世界是一團活火

火是世界的本原，支配著整個世界的運動。

圖 3-2　火在推動世界發展

向，支配著整個世界運動的節奏，從而形成火與世間萬物循環往復的轉化過程。」（見圖 3-2）

　　眼前這位教授在講起課來時，不僅情緒飽滿，而且從未間斷。對於顧夢萍來說，這就好像是在考試之前教授勾畫考試範圍一樣，往往這裡的內容還沒勾上，教授就已經進行到下一個階段了。所以在理解教授所講的內容方面，顧夢萍顯然有些跟不上節奏，但從教授講課的狀態來看，臺上的教授似乎並沒有停下來，也沒有留出讓大家記筆記的時間。

　　「為什麼火會成為世界的本原呢？因為在世界之中存在的各種元素裡面，我們會發現，火是最為精緻的一種元素，而在大多數時間之中，火往往是最接近於沒有形體的東西。而剩下的那些元素，則並不具備有火的這種特性。」

　　「相比於來自人間的水、氣、土而言，來自天上的火顯得更加神祕。在眾多元素之中，火還是最具有威力的一個，作為一種最亮也最熱的物質，火能夠將水烤乾，將土燒成灰燼。雖然水和土，或是氣也能夠影響到火，但是在各種元素之中，火卻是人類很難接近的一種。」

　　「當然，火作為世界的本原，最為重要的一點在於，它不僅能夠自己運動，更多時候它還能夠使其他的事物運動。我們所生活的這個有秩序的宇宙既不是神創造的，也不是人創造的。宇宙本身便是自己的創造者，而宇宙之

中的秩序，則完全是有它自身的邏各斯（λόγος）所規定的。」

「至於邏各斯的問題，我們留在後面的內容之中進行講述。最後還有一點，就是火作為世界的本原，它與世間萬物是存在相互轉化的關係的。火可以透過一定的形式轉化為世間的其他萬物，所以準確地來說，我對於現在所流行的將女子形容為『水一樣的女子』是持反對意見的，因為無論是男子還是女子，都應該是『火一樣的』才對。」

第二節　為什麼抽刀斷水水更流？

在下課的間隙，顧夢萍使用網路設備透過搜尋「永恆的活火」的關鍵字，查詢到了臺上講課的教授原來是大名鼎鼎的赫拉克利特教授。

「原來這位特立獨行的教授是赫拉克利特啊，怪不得，怪不得。」顧夢萍對著搜尋結果不斷地點頭，似乎明白了些什麼。那麼按照正常的套路來說，下面，也就是這堂課，赫拉克利特教授應該要講「人不能兩次走入同一條河流」這個問題了。

「哎，妳說為什麼這位教授說世界的本原是火啊，前面老子教授不是說世界的本原應該是道嗎？」顧夢萍旁邊的一個戴著眼鏡的女同學提出了這樣的疑問，雖然對於赫拉克利特教授所講的內容並不理解，但她依然沒有停下自己手中的筆，飛快地記錄著筆記。

「啊，這個呀，我也在考慮這個問題，關於世界本原這個問題不是到現在還沒有定論嗎。」坐在前排的一個男生給出了問題的解答。

「沒有答案為什麼還有那麼多人在研究啊，與其在這種無法解決的問題上面浪費時間，不如多想想正經事。」男生繼續訴說著自己的想法，似乎在這

個問題上，他有很多的牢騷需要發洩。

「沒有答案才需要研究啊，提出問題，思考問題，解決問題，這才是一個良好的社會發展循環，或者說世界的運行規律也蘊含在其中。」在這個問題上，顧夢萍表現出了一種哲人的特質，以至於在與同學們的對話之中，也開始融入了這種思考。

「對，這位女同學所說得很對。萬物變動發展自有其規律，它們是根據一定的尺度和規律來進行的。」不知什麼時候，赫拉克利特教授出現在了顧夢萍的身邊，而赫拉克利特教授的回答更是讓大家受到了驚嚇。

「正如前面所說，關於規律的問題，我們放在後面來講，現在，這節課我們主要講一下關於運動的概念。」赫拉克利特教授邊說邊從講臺下面，走上了講臺。

「我有一個很重要的觀點，相信大家對此也有所了解。在我看來，『一個人沒有辦法走進同一條河流』，因為什麼呢？因為河水是流動的，所以這個人每一次踏入其中之時，這條河流就已經不是原來的那條河流了。」（見圖 3-3）

人沒有辦法兩次踏入同一條河流，當然也有人說人甚至沒有辦法一次踏入同一條河流。

這時的顧夢萍感受到了一種預言成真的感覺，果然，赫拉克利特教授會講到這個內容。

「具體來說，因為河水的流動是不間斷的，所以當我們第一次踏進這條河時，水正在不斷流走。當我們第二次踏入這條河流時，同樣位置的水已經是新的了，所以我們所踏入的

圖 3-3　萬物川流不息

就不再是之前的那條河流了。」

「在這個論斷之中，我所強調的並不是這條河與那條河的區別，而是同一條河在不同階段的區別。正是從這一論斷出發，我提出了『萬物皆流』的主張。來表達一種客觀事物永恆運動的事實。」（見圖 3-4）

萬物皆流 無物常住	一個人沒有辦法走進同一條河流
	今天的太陽和昨天的太陽是不一樣的
	今天的我和昨天的我也是不一樣的

圖 3-4　萬物皆流，無物常住

「那麼從這個觀點出發，同學們能夠想到什麼其他的事物是在不斷運動變化的嗎？」赫拉克利特教授罕見地提出了自己的問題。

小 A：「每一天的太陽都是不一樣的，每一天的月亮也都是不一樣的。」

小 B：「今天的花和昨天的花是不一樣的。」

小 C：「今天的我和昨天的我也是不一樣的。」

「好好好，事實上，這樣的例子還有很多，同學們應該還能舉出不少。但是在我看來，從根本上來說，這是一種『變』的思想。前面我們提到過宇宙是一團永不熄滅的活火，正是這團活火轉化成了萬物，同時萬物也在不斷地變為活火，正是這種相互轉化的關係為萬事萬物帶來了改變。」

「『一切皆流，無物常住』，在宇宙之中，沒有什麼物質是絕對靜止不變的，它們都處在不斷地運動和變化之中。正是這種運動和變化，才促進了宇宙的發展和社會的進步。同學們可以仔細想一想『今天的我們和昨天的我們』的區別。」

顧夢萍十分專注地聽著臺上赫拉克利特教授的敘述，對於教授所提出的

問題也進行了仔細的思考。在她看來，「今天的我」和「昨天的我」確實並不是同一個我，「昨天的我」還沒有來上赫拉克利特教授的課，也沒有聽到他所講述的內容。但在今天，「今天的我」見到了赫拉克利特教授，記住了赫拉克利特教授所講述的內容，所以和昨天相比，「今天的我」已經變得完全不同了。

「其實，從上面的這個問題的討論之中我們可以發現，在『萬物皆流』的狀態之下，世間萬物看似是存在的，其實又是不存在的。因為一切的事物都在不停地流動，不斷地變化，它們在不斷經歷著產生、發展和消失的過程。」

「所以在另一方面，我們也可以認為每時每刻的自己都是不同的。」

第三節　這世界就要分出個你死我活

「在前面的課程之中，我們提到了『萬物皆流，無物常住』的理論。但實際上，在『萬物皆流』的過程之中，還存在萬物相互轉化的特徵。這一點我在前面的課程之中也已經提到過了。那麼哪位同學能夠回答一下，是什麼在推動著，或是在促進著萬物之間的互相轉化呢？」

是什麼在推動萬物互相轉化？這一問題讓顧夢萍聯想起了曾經在化學課之中學到的各種化學反應，一個物質加上另一個物質，在催化劑的作用下發生化學反應，然後生產新的物質，這是化學之中的轉化啊，在哲學上面也適用嗎？

很顯然，這在哲學之中並不適用。所以在哲學之中解釋轉化，還需要尋找到其他的方法。但對於顧夢萍來說，這確實是個難題。不僅對於顧夢萍來

第三章　赫拉克利特教授講「運動」

說是個難題，這個問題顯然困住了講堂之中的所有人，在赫拉克利特教授提完問題後，整個講堂鴉雀無聲。沒有一個人在議論，對於大多數人來說，這都是一個較難回答的問題。

「其實我們說的轉化，是每一種東西都會轉變成為它的對立面，而當一種東西轉化為另一種東西的時候，它舊的形式就消失了。當火轉化成為水時，火的舊有形式就消失不見了。正因如此，所以沒有什麼東西的性質是不會變的，也沒有什麼東西會具有永恆的性質。」

「而正是在這種對立轉化的過程中，才會有世界。我們可以想像一下，生與死、老與少其實都是同樣的東西，但正是因為他們存在著對立的關係，所以後者變化的同時，前者也會跟著變化，前者發生變化的同時，後者也會跟著變化。正是這種『老與少』、『生與死』的對立的存在，才會有了世界的存在。」

「那麼具體的又是什麼東西在促進著、推動著萬事萬物的轉化呢？是競爭。」（見圖 3-5）

圖 3-5　「競爭」

鬥爭推動著世間萬物的運動變化，正如戰爭促進科技發展一樣。

圖 3-6　競爭推動萬物運動

「我們知道，戰爭是普遍的，正義就是戰爭，世間的一切都是透過競爭和必然性而產生的。可以說戰爭是萬物之父，同時也是萬物之王，它可以使一些人成為神，也能使一些人成為人，同時還可以使一些人成為奴隸，使另外一些人成為自由人。」

「正是因為如此，在我看來，競爭才是世間萬物運動和變化的根源。如果競爭從大地上消失的話，世間萬物的轉化也將會隨之停止，那麼整個世界也就不復存在了，宇宙也將會隨之消失。」（見圖 3-6）

赫拉克利特教授說完這一段話之後，顯得十分激動。聽完了赫拉克利特教授的這些話之後，顧夢萍顯得有些理不清自己的思路，怎麼從轉化就跑到了競爭上面去了？世間萬物存在對立倒是可以理解，但這個競爭又是從哪裡來的呢？赫拉克利特教授所講的是引申意義還是真正的戰爭？顧夢萍覺得自己有很多的問題要問，卻又不知道從哪裡問起才好。

「可能有的同學對於我所說的這個競爭存在疑問，可能是概念上的疑問，也可能是內容上的疑問。其實這個競爭是很好理解的，競爭是對立事物之間必然存在的因素，相對於和諧的狀態來說，在不同的事物之中，對立往往是長久的。」

「我們可以透過一個簡單的例子來理解這一點，我們來看大自然，在表面上它可能是和諧穩定、充滿生機的。但在實際上，每一個物種都是在經過了

第三章　赫拉克利特教授講「運動」

與其他物種相爭鬥之後，才生存下來的。而且即使在爭鬥之中生存了下來，它們仍然需要無時無刻面對競爭，因為只要它們生活在大自然之中，爭鬥就是無法避免的。可能對於它們來說，爭鬥的對象會發生變化，但爭鬥這種行為現象卻不會消失。」

顧夢萍的頭腦之中似乎也在進行著爭鬥，但隨著赫拉克利特教授的講解，顧夢萍開始逐漸清醒過來。和顧夢萍一樣，大多數同學可能都有這樣的感受。但赫拉克利特教授絲毫沒有停下來讓大家思考的想法，依然在講臺之上滔滔不絕地講述著。

在最初聽到赫拉克利特教授關於競爭的觀點時，顧夢萍以為赫拉克利特教授的意思是想要表達世界是殘酷的，想要在這個殘酷的世界之中生存下去，就需要用盡全力與他人分出個你死我活來。但仔細想來，赫拉克利特教授似乎並沒有過多地強調這個世界是否殘酷，而更多的是將著重點放在了『競爭』上面。而且，在赫拉克利特教授的眼中，競爭似乎成了整個世界存在的基礎。

「在另一方面，如果同學們認真觀察的話，會發現自然會將那些相互對立的事物聯合在一起，從而產生自然獨有的美麗。或者說正是這些相互對立事物之間的內部競爭，才產生了和諧與美。」

「這個問題要怎麼理解呢？我們用音樂來做例子，如果我們將音樂中的高音和低音放在一起，那麼這段音樂聽起來便會有一種高低起伏的感覺，而如果再加入長音和短音的混合，那麼這首音樂將會變得更加美妙。如果都是同類的音的話，可能在欣賞之時，便不會獲得美的享受了。」

「新生與毀滅也是一個事物對立的兩面，而變化正是兩個事物之間新生與毀滅的轉化過程，所以對於轉化來說，競爭在其中造成了重要的推動作用。」

在最後，赫拉克利特教授用一句簡練的話，對自己所講的內容進行了總結。但對於顧夢萍來說，這個簡練的總結卻並不容易理解。

「赫拉克利特教授的意思到底是不是說，生存在這個世界上就要時刻準備著與別人拚個你死我活啊。」從這節課一開始，這個問題就在顧夢萍的腦海之中盤旋，直到下課之後，也依然揮之不去。

第四節　減肥這事不難，但也不好實現

吃過午飯之後，顧夢萍和同學們早早地便來到了講堂，找到座位之後，同學們便開始閒聊起來。但對於顧夢萍來說，赫拉克利特教授在前面所講的問題，還有一些地方並沒有了解清楚。顧夢萍開始在頭腦之中回憶前面的內容。

赫拉克利特教授在最開始講到火是世界的本原，世間萬物與火之間是互相轉化的，這正說明了世間萬物都是運動變化的。然後赫拉克利特教授又提出了「人不能兩次走進同一條河流」這個論斷，他認為由於河水是川流不息的，所以當人們兩次踏入同一條河流之時，河流已經發生了改變。

另外，赫拉克利特教授提到轉化時，還指出了轉化往往出現在相互對立的事物之中。整個世界都被競爭所支配，如果沒有競爭和對立的話，整個世界就會消亡。而對立和競爭又會產生和諧和美好。

基本上，對於這些能夠回憶起來的內容，雖然不那麼容易弄懂，但顧夢萍倒還是可以理解一些的。但在上面的這些內容之中，顧夢萍發現了一個問題，關於赫拉克利特教授所提到的轉化，究竟是如何完成的呢？

赫拉克利特教授認為生與死，夢與醒、少與老，是同樣的東西。後者變

第三章　赫拉克利特教授講「運動」

化，就成為前者，前者變回來，則成為後者。那麼為什麼是生與死、夢與醒、少與老之間發生變化，而不是生與夢、老與死之間發生轉化呢？

正當顧夢萍還沉浸在自己的想像之中時，講臺上傳來了赫拉克利特教授的聲音。

「對那永恆存在著的邏各斯，人們總不理解，無論是在聽到之前還是初次聽到之時。因為儘管萬物根據這邏各斯生成，但對於它，人們卻彷彿是全無經驗的人一般，甚至當他們經歷了我所講過的話和事情之時，而我已按照自然區分了萬物並且指明了這是如何。至於其餘的人，他們不知道他們醒時所做的一切，正像他們忘記了睡時所做的一切。

「人們在對清楚明白的事情的認識上被欺騙，就像荷馬一樣，他曾是所有希臘人中最智慧的。因為正在殺虱子的孩子們欺騙他說：我們看見並且抓住的，我們把它們丟掉；但是我們沒有看到也沒有抓住的，我們卻帶著它們。」

「對那個他們最常打交道的東西，他們是格格不入的，而那些他們每天碰到的東西，在他們看來是生疏的。」

赫拉克利特教授在講臺上面又開始自己說了起來，而在顧夢萍看來，相比於前幾節課的內容，這一次赫拉克利特教授所講的內容更加玄幻。聽起來好像是古希臘神話故事之中的神諭一般，「他們」是誰？「邏各斯」又是什麼？

「在前面的課程之中，我們曾經提到過『邏各斯』這個概念，但是並沒有去深入分析其中的內容，現在在最後一堂課上，我們來了解一下這個概念的內容。

「可能有的同學對於前面我所講到的內容，會有不理解的地方。但如果理解了邏各斯的概念之後，相信你們會對上面的各個問題，有一個更加清楚的

認識了。

「前面我說過，世間萬物是永遠變動的，它們可以轉化為不同的形式。但是它們究竟是怎樣變動的，為什麼會轉化成為不同的形式，我們沒有去詳細分析。在我看來，世間萬物的變動是按照一定的規律來進行的，無論是火的熄滅和燃燒，還是世間萬物的生成和轉化都是按照一定的邏各斯來進行的。（見圖3-7）

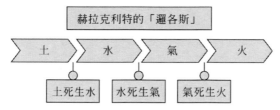

圖 3-7　赫拉克利特的「邏各斯」

「在這裡，邏各斯不僅是世間萬物運動變化的原理依據，同時也是一種數量上的比例關係，具體表現為尺度、大小、分寸等，當然大家也可以將邏各斯理解為規律，但實際上，我所說的邏各斯和你們現在所講的規律還是有著一定的區別的。」

「我所說的邏各斯主要表現在數量上的一定比例和關係，而你們現在所說的規律的範圍顯然要更加廣泛一些。雖然從認識尺度再進一步便可能會認識規律，但在當時，我對邏各斯的認識，更多的是集中在尺度和比例之上。」

從這裡，顧夢萍似乎了解到了赫拉克利特教授所講的這個邏各斯是什麼意思了，但無論怎麼想，顧夢萍也想不出一個更好的語言來總結這一概念的內容。簡單來說，這個概念可能像是在數學之中的運算公式，為什麼 1+1 會等於 2 ？可能就是因為邏各斯的存在吧。

第三章　赫拉克利特教授講「運動」

「總體來說，邏各斯所代表的就是世間萬物變化，宇宙新生毀滅的最為內在、最為精微的機理。它構成了人類的全部命運，卻沒有辦法被人類全然理解。所以對於人類來說，理解這一精妙機理的過程，便是獲得智慧的過程。只有真正博學的人才能夠全然理解這一內容。」

不愧是教授，總結起概念來就是行雲流水。但仔細聽來，顧夢萍卻發現，在赫拉克利特教授的結論之中，似乎也沒有揭示邏各斯的真正內涵。正當顧夢萍在仰頭思考之時，同學們卻開始陸續離開講堂。

因為赫拉克利特教授在總結完內容之後便消失了，確切地說是緩緩走向後臺才消失的。這真是一位特立獨行的教授，來也悄悄，去也悄悄。在顧夢萍看來，這最後一節課的內容，就像是一位減肥專家在為大家講解減肥知識，他一直在強調減肥有方法、減肥並不難，卻始終沒有告訴大家那個方法是什麼，究竟要如何才能成功減肥。

而雖然顧夢萍理解了赫拉克利特教授所講的邏各斯代表著什麼，但對邏各斯的實際內涵以及起作用的原理卻並不清楚，可能是因為赫拉克利特教授想要留給大家一個課後問題吧。

不管怎麼說，第三週的課程也結束了，下面的課程將會出現什麼樣的教授已經讓顧夢萍期待不已。

第四章

蘇格拉底教授講「認識自己」

第四章 蘇格拉底教授講「認識自己」

本章主要介紹了古希臘著名哲學家蘇格拉底的哲學思想，將蘇格拉底關於認識自己的哲學理論融入不同的情境之中。讀者可以從不同的情境中感悟到蘇格拉底思想的深邃，同時也能夠對生活產生一種新的感悟。

蘇格拉底出生於希臘雅典一個普通公民的家庭。其父索佛洛尼斯科斯（Sophroniscus）是雕刻匠，母親費納瑞特（Phaenarete）是助產婦。蘇格拉底和他的學生柏拉圖，以及柏拉圖的學生亞里斯多德並稱為「古希臘三哲」，被後人廣泛地認為是西方哲學的奠基者。

第一節　懲惡揚善的「惡魔」

「死亡無非就是肉體本身與靈魂脫離之後所處的分離狀態和靈魂從身體中解脫出來以後所處的分離狀態。所以說，我在選擇喝下毒藥之後，迎來的並不是死亡，而是一種全新的生命，我不是進入了死亡的過程之中，而是進入了一個更加多彩的生命之中。」（見圖 4-1）

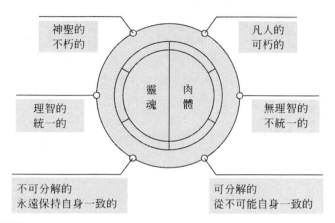

圖 4-1　靈魂與肉體

　　顧夢萍在座位上全神貫注地聆聽著臺上教授的演講，這位教授和上一位赫拉克利特教授的形象很相近，很顯然是一位古希臘的哲學家。雖然這位教授的嘴唇略顯肥厚，眼睛稍有突出，身高略顯低矮，但整體看上去卻顯得容貌不凡，這也成為顧夢萍所關注的焦點。

　　當然，特別關注這位教授，顧夢萍還有著其他的考慮，事實上，這位教授一出場便進行了自我介紹。也正是蘇格拉底這個名字才讓顧夢萍對他更加關注起來。作為「古希臘三哲」之一，蘇格拉底更被認為是西方哲學的奠基人。而且蘇格拉底將哲學研究的方向從「自然哲學」轉到了研究人類自身的問題，開創了一個哲學研究的新領域，這對於哲學的發展是十分重要的。

　　對於顧夢萍來說，聽了幾節課，天、神、宇宙的內容之外，也是應該回歸到人類本身的問題之上了。所以對於蘇格拉底教授所要講的「認識自己」的問題，顧夢萍是充滿了興趣與期待的。

　　「靈魂與神聖的、不朽的、理智的、統一的、不可分解的、永遠保持自身一致的、單一的事物最相似，而身體與凡人的、可朽的、不統一的、無理智

的、可分解的、從來都不可能自身一致的事物最相似。」

「所以說平凡的人大多依靠肉體去行動、去感受，所以他們與那些依靠靈魂的人不同，而他們這樣也會越來越遠離自己的靈魂，從而漸漸失去好的靈魂，走向壞的靈魂。」

「那麼，請問什麼是好的靈魂，什麼是壞的靈魂，我們又要怎樣去判斷靈魂的善惡屬性呢？」這次發起提問的是一位坐在前排的中年老師，雖說是中年，但如果只從外表判斷，寬大的黑框眼鏡和滿頭灰白色的頭髮會讓人以為他已經過了中年的年齡。

「這個問題問得很好，在我看來，一種靈魂擁有理智和善，這種靈魂便是好的。而如果一種靈魂擁有愚蠢和邪惡，這種靈魂便是壞的。所以在我看來，靈魂是理智和道德的統一。」（見圖 4-2）

「你可以想一想，我們為什麼會做善良的事，又為什麼會做邪惡的事？其實原因都在於我們的靈魂所擁有的東西不同，好的靈魂當然會做善良的事，壞的靈魂則會做邪惡的事。」

「那麼在您看來，擁有愚蠢和邪惡的靈魂，也就是壞的靈魂是我們自產生以來便天然存在的嗎？在您的關於靈魂的觀點之中，您認為從靈魂的根本性存在來講，靈魂究竟是善的還是惡的呢？」提出問題的依然是那位中年老師，對此，顧夢萍好像感覺到自己的靈魂正在被討論一樣，自己究竟是善呢，還是惡呢？難道靈魂也具有劣根性？

惡的靈魂出現是道德智慧和道德知識的欠缺。

圖 4-2　靈魂的善惡

「其實靈魂之中的惡也並不是天然存在的。惡的出現更多的是靈魂的一種欠缺，是道德智慧和道德知識的欠缺。我認為每一個人的靈魂都會以正義為美德，而正義是否能夠真正在靈魂之中扎根，是靈魂走向善惡的一個分水嶺。大多數時候，人的靈魂都是向善的，但有時由於人的道德知識的缺乏，他們可能會在無意之中不斷向惡走去，這種狀態如果一直持續下去，他的靈魂可能就會離善越來越遠。」

「在您看來，人的靈魂在最初是善的，但是由於在發展的過程之中，缺少道德的智慧和知識，使得惡逐漸出現，從而造成了靈魂的惡。那麼靈魂要怎樣才能夠獲得智慧和知識呢，是不是我們通常所說的學習和讀書呢？」中年老師似乎要與蘇格拉底教授「對抗到底」似的，不斷在蘇格拉底教授的回答之中找出問題。

「在我看來，靈魂應該是理性認知的主題，靈魂存在的最好狀態應該是自我反思。當靈魂自我反省的時候，它穿越多樣性而進入純粹、永久、不朽和不變的領域，這些事物與靈魂的本性是相近的。」

只有不斷反思，我們才能獲得最純粹的智慧，我們要不停反思自身，三次明顯是不夠的。

「一旦靈魂獲得了獨立，擺脫了障礙，它就會不再迷路，而去接觸那些具有相同性質的事物，在絕對、永久、單一的王國之中停留。我將靈魂的這種狀態稱之為智慧。所以，我認為靈魂想要獲得最純粹的智慧和知識，就需要不斷對自身進行反思。」（見圖 4-3）

圖 4-3　反思讓人獲得智慧

第四章　蘇格拉底教授講「認識自己」

「除了這一點外，我認為靈魂還具有一種不朽性。人體在產生之前，靈魂便已經存在了，很多時候我們的學習實際上是一種回憶。肉體是一種複合物，是非永久的，但靈魂不同，靈魂是單一的，永久的，也是不朽的。所以靈魂在我們不存在的時候還會繼續存在，儘管它是一種不可見的存在。」

「所以對於我們來說，重要的是要清楚靈魂作為認知和道德的精神實體，雖然在肉體之中我們無法發現，但展現著一個人的智慧與道德。所以在社會生活之中，一個人雖然有著『惡魔的肉體』，但如果他的靈魂是純潔的、乾淨的，那麼我們也可以稱他為『天使』。而如果一個人有著『天使的肉體』，但其靈魂卻是愚昧而邪惡的，那麼實際上他應該是個『惡魔』才對。」

「您的靈魂觀是不是告訴我們要擺脫肉體的慾望，減少對物質利益的過分追求，從而淨化自己的靈魂，最終獲得知識和智慧呢？」中年老師又一次向蘇格拉底教授展開了追問，但這一次看樣子應該是最終問題了。

「沒錯，你們也可以這樣理解。」蘇格拉底教授似乎也給出了最後的回答。

第二節　洗白反派的套路

「您作為一個智者，是否能夠為我們詳細講述一下如何能做到擺脫肉體的慾望，而讓靈魂獲得智慧？」中年老師似乎沒有想要坐下來安安靜靜去聽的意思。他的問題一個接著一個，但蘇格拉底教授卻沒有因此而產生不悅，反而越發來了興致。

「為什麼你會認為我是智者呢？我只是一個哲學家，我並不是一個聰明人，更不是一個智者。如果你認為我是智者的話，那可能只是因為我知道自

己是一個一無所知的人。」

「所以你讓我來為大家講述讓靈魂獲得智慧和知識的方法是不可能的，因為我也是一無所知的人啊，雖然我知道自己，卻並不知道你們。」

中年老師顯然沒有想到這一次蘇格拉底教授給出的答案，他更是沒有想到如何繼續從蘇格拉底教授的回答之中找出問題。因為蘇格拉底教授並沒有從正面去回答他所提出的問題，這讓他一時間不知所措起來。

「雖然我是一無所知的，但是我覺得你應該知道這個問題的答案。」蘇格拉底教授看到不知所措的中年老師說出了這樣的話，但顯然這並沒有化解掉中年老師的尷尬，反而讓他更加不知道接下來要怎麼做。

「不只是你，我覺得在場的大家都應該知道這個問題的答案。」蘇格拉底教授的這句話瞬間引起了全場的議論，顯然大家都不知道要如何解決上面的問題，當然也不知道如何化解現在講堂之中的尷尬。

「那麼我來舉一個例子，雖然在我們的那個時代還沒有電影這種先進的技術，但是大家應該都看過電影吧。那麼在大多數電影之中，都會出現反派，而在大多數的電影中反派都將會被洗白。而在這些被洗白的反派之中，又會有很多人是因為同樣一個原因由壞變好的。大家知道是因為什麼嗎？」

蘇格拉底教授所提出的這個問題，讓講堂中的同學們大吃一驚，竟然能夠問出這樣現代化的問題。雖然對於問題，大家的反應十分強烈，但對於問題的答案，大家卻實在沒有思路。並不是因為說不出答案，而是不知道怎樣的回答才是答案，至少這是現在顧夢萍僅有的一絲想法。

小 A：「反派因為感情原因悔悟了。」

小 B：「可能反派原本就是個正派。」

第四章　蘇格拉底教授講「認識自己」

小Ｃ：「導演想要洗白反派，就洗白了吧！」

雖然顧夢萍對於這個問題沒有想法，但是其他同學卻很熱情地給出了回答。一時間，講堂之中各種答案「紛飛」起來。

「聽到大家的答案，我真覺得自己的確是一個一無所知的人啊。在我看來，在大多數反派被洗白的電影中，悔悟了的還是比較多的，至於其他原因我倒是沒有想到。」

「很多電影中讓反派悔悟來洗白的這個套路，我覺得還是比較符合我的想法的。那麼我就順著同學們給出的這個思路，來解決前面這位教授所提出的問題。」

「在我看來，讓靈魂獲得智慧的關鍵在於不斷反思自己，這一點在前面的課程中提到過，但是我們沒有展開去講述，可能這也是這位教授對於上面的結論提出疑問的原因。那麼下面讓我們來詳細地探討一下自己是如何讓靈魂獲得知識和智慧的這個問題。」

「我認為人需要時常去思考自己為什麼而活著，相比於整天去研究自然、研究宇宙，這個問題對於我們來說更加具有根本性。每個人都會在生活之中經歷不同的事物，遇到不同的困難，獲得不同的成功，但是這些不同的東西究竟為我們留下了什麼呢？困難給了我們什麼？成功又給了我們什麼？這些問題我們考慮過嗎？如果沒有去考慮，而只是讓它過去，我們豈不是什麼也沒有獲得嗎？」

「所以說，對於自己的人生，我們需要時常進行反思，只有這樣才能讓我們更好地認識自我，從而更好地在世界之中生存下去。同時，這也是我們認識自我的關鍵步驟。」

「我之所以得出自己是一無所知的這一結論，正是因為不斷地反思。所以我也希望能夠把這種方法傳授給更多的人，當然不是透過我去一字一句地講述，而是從反方向去進行詰問，最終讓被詰問的人自己找到問題的答案，從而真正地認識自己。」

「我更喜歡用對話的方法讓別人說出自己的觀點，而同時我會向對方進行提問，從而在對方的回答之中尋找到漏洞，透過對話幫助對方認識自己，然後再去反思自己，找到問題的所在。」（見圖4-4）

「而如果跳脫出自我的概念，回到生活之中也是一樣的，透過反思生活，我們會發現自己是否在肉體上過度享受物質生活，並且還滋生了許多貪婪的慾望，盲目去追求物質生活。更深層次地去反思自己的靈魂是不是因此而變得不安寧、不純淨，自己的靈魂是否向著惡的方向去發展了？」

「所以在我看來，反思自己是認識自我的一個重要過程，同時也是讓靈魂獲得知識與智慧的重要方法。同時我認為，那些沒有經過審查的生活是一種沒有價值的生活。」

能知道自己錯在哪裡，是走向正確方向的第一步，同時也是關鍵一步。

圖4-4　認識錯誤是走向正確的關鍵

「其實我非常認同您的哲學觀點和看法，您的每一個觀點我都進行過認真的分析，所以在您講課的過程中，使用了您的反詰法，但顯然我的問題都被您輕鬆化解了。您不愧是全雅典最聰明的人。」中年老師這時似乎全然沒有了前面提問時的氣勢，完完全全成了一個偶像的追求者。

「不，我只是一個一無所知的人而已。我的母親是個助產婆，我要追隨她的

腳步，我是個精神上的助產士，幫助別人產生他們自己的思想。」

第三節　無才便是缺德

「我並不希望讓在座的各位生硬地接受我的思想，我希望在我的幫助之下，你們能夠在自己的頭腦之中產生自己的思想。」

蘇格拉底教授一再強調著自己作為「助產士」的身分，但對於講堂之中的教授和同學們來說，至少從知識的層面上來說，蘇格拉底教授所說的內容是很難讓人去反駁的，所以即使想要去和他進行辯論，大家也總是覺得並沒有什麼「勝算」。

「在這節課之中，我們先放下認識自己的內容，而去研究一下知識和德行的內容，首先我來說一下自己的觀點，當然大家可以針對性地提出自己的意見。在我看來，知識和德行之間存在密切的關聯，甚至不止於關聯，我認為美德便是知識。」（見圖 4-5）

「美德即知識」講堂之中再次掀起了議論之聲，顯然這一次對於蘇格拉底教授的觀點，學生和教授們都有一些不同的意見。

「教授，您說的美德即知識，如果從美德來源於知識的角度來說，我可能會更表示認同。但如果單純地說美德便是知識的話，在我看來，就太過絕對了。」蘇格拉底

圖 4-5　美德即知識

教授的「忠實粉絲」第一個站起來發言，雖然沒有完全表達出自己對於這個觀點的看法，但至少他又為蘇格拉底教授製造了一個問題。

「蘇格拉底教授，美德和知識應該是兩個不同範疇之中的概念，美德更多的應該是人的一種品質，而知識則應該是人的一種能力。所以在我看來將這兩個概念等同起來是並不準確的。」在那位中年男教授說完之後，一個短髮女生同樣提出了自己的觀點。

在顧夢萍看來，蘇格拉底教授的這個觀點確實不夠嚴謹，雖然這兩個概念在一定情況下確實關聯得非常緊密，但如果非要將這兩個概念等同起來的話，可能還需要一定的條件才行。至少現在對於顧夢萍來說，還不知道要怎樣才能將這兩者關聯起來。

「之所以提出『美德即知識』這個觀點，更多的還是從認識自我的方面出發的。在前面的課程中我們介紹了認識自我的一些內容，而在這節課中，我希望能夠向大家介紹一下我關於知識與美德的看法，當然，首先我要介紹一下我對知識和美德這兩方面內容的認識。」

「從現在來看，知識的意義可能會有很多。現在知識大多被認為是客觀事物的屬性和關聯的反映，同時也是客觀世界在人腦之中的主觀印象，有時知識也會表現為事物的一些概念和規律。」

「但是，在我看來，知識的內容卻並非如此。我們只有認清了事物的真相，才能把握事物的本性，而只有把握了事物的本性之後，我們才能夠把事情做好。而認識事物本質的過程也就是知識獲取的過程。我認為知識並不能夠等同於感受和意見，而應該是一種理性的和必然的真理。」

「所以在我眼中的知識，並不是自然世界之中的知識。它不是你們認識

到的物理知識、化學知識，也不是你
們認識到的數量知識、音樂知識。而
應該是整個世界的善的知識，是一種
在倫理道德領域之中尋求的哲學的
知識，而它也正是對美德的理解和
把握。」

我們認識自己，不是要
認識自己多有知識，而是要
認識自己多有美德，兩者是
截然不同的。

圖 4-6　認識「美德」

「另一方面，在大家看來，美德
可能更多地表現為人的一切優秀品
質，是人的一種理念。但在我看來，
美德應該是一種人之所以為人的本
性，是神平均分配給每一個人的。雖
然美德是分配的，但並不是每個人都能夠實際擁有的。」（見圖 4-6）

「這種美德更多地潛藏於每個人的身體之中，需要我們透過特定的方式去
發掘，從而尋找到真正的美德與善。正是基於此，我才提出了認識自己的觀
點，所以說認識我們自己就是認識我們的美德。」

「在我看來，一個人只有真正認識了自己，才能夠實現自己的本性，從而
成為一個有美德的人。而上面我們提到過知識是人對於自我本質的一種理性
認識，而在道德領域之中，美德作為人的優秀品質，在現實生活之中也是一
種人的本質。可以說，我們所擁有的知識既是一種真理，又是一種美德，因
為它們都可以被看作一種人的本質。」

「可以說，在這一意義層面上，知識和美德便結合了起來。因為美德潛藏
在我們的身體之中，所以只有當我們認識到自己的時候，才能夠將美德的力
量表現出來，而在認識自我的過程之中，我們主要是在獲得知識，在獲得知

識的同時，我們也能獲得真正的美德。」

　　順著蘇格拉底教授的思路，似乎真的能夠在知識與美德之間架起一座「橋樑」。但這時的顧夢萍並沒有在蘇格拉底教授的思路之中停留太長時間，在顧夢萍看來，如果蘇格拉底教授的觀點在現在依然成立的話，那麼是不是說「無才的人就是缺德的人」？顧夢萍左思右想之後，覺得蘇格拉底教授可能並不是這麼想的。

第四節　是功夫之王就不要做小混混

　　「這次課程我所講述的內容主要是認識自己，前面主要講述了關於靈魂的一些內容，以及反思自己的重要作用。而在認識自己的內容之中，還有一部分也是認識自己的重要環節，在這裡我先不說出它的內容，在下面的談話之中，我們來一起分析出這個環節。

　　「那麼，首先，如果在場的大家要認識自己，通常會有哪些重要的環節呢？前面的認識自己的靈魂和反思自己我們已經提到過了，在這裡就先不討論了，剩下的在大家看來還有什麼呢？」

　　「找到自己的缺陷也是比較重要的一個環節，一個人只有不斷發現自己的缺點，再不斷去完善自己的缺點，這樣才是一個完整的認識自己、完善自己的過程。」看上去年紀很大的中年老師第一個站起來回答問題，至少從他站起來的速度，以及回答問題的語速來看，他現在的勁頭要比這些在場的年輕學生還要足。

　　「發現自己的缺點，這的確是很重要的。但是關於這一環節，在前面我們講到的反思自己之中，其實已經包括了這一內容。仔細想想，在我們反思自

己的過程中，不僅會從過去的成功經驗之中獲得一些益處，同時也能夠在曾經的失敗或挫折之中找到自身更多的缺陷。」

　　中年老師站立著思索了一會兒，慢慢地坐下了。看樣子是認可了蘇格拉底教授的回答，同時也沒有想出更好的答案，但很顯然可以看出他對於自己的表現並不滿意。

　　「了解自己的特長和優勢應該是一個重要的環節，這種了解並不是在反思之中獲得的，而是從最開始就要了解的，更多的是屬於我們本身的一種能力或條件。」在中年老師坐下之後，緊鄰著他的另一位女教授就好像接到了接力棒一樣，筆直地站立起來，說出了自己的答案。

　　「你特意強調了這種特長和優勢是不用透過反思就可以獲得的，這一點我很了解。但如果說是一個人與生俱來的、先天的一種能力特長的話，那透過對於靈魂的認識我們便可以發現這種存在於人的肉體和內在的特徵，因為正是由於靈魂對於智慧和知識的掌握，才決定了人的本性。」

　　「而在我看來，人的本性與事物的特性、品格、特長、功能都可以被稱為『美德』，而這種『美德』正是從靈魂而來。」（見圖 4-7）

　　在蘇格拉底教授又一次將提問者的問題反駁之後，講堂之中霎那間安靜了許多。大家似乎都在用力思索著問題的答案，但似乎沒有一個人再想要繼續站起來回答這個問題了，因為很大的可能性會被蘇格拉底教授反詰一番。

　　「事實上，我所提到的這個問題並不是很難回答，但可能大多數時候，大家的思路停留在了固定的階段，而沒有去向更長遠的方面考慮，所以很難回答出問題的關鍵。」

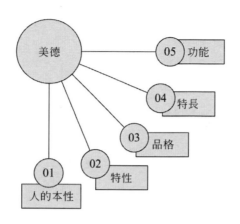

圖 4-7　美德的內涵

「關於認識自己的另一個環節，我還是透過電影來進行講解，這樣可能大家會更好地理解我所要講的內容。在很多電影之中會使用這樣的套路：主角最初只是一個小混混，但隨著故事的發展，卻逐漸成為身手不凡、號令一方的人。還有的電影之中，主角起初能力平平，但在機緣巧合之後，卻發現了自己的潛能，從而成為功夫之王。」

「所以從這些電影之中，我們可以總結出認識自己的另一個重要環節。在我看來，認識自己，找到自己的精神本質，找到心靈深處真實的自己，進而知道自己最需要什麼，才能使自己的意識境界寬闊敞亮。」

「但這並不是認識自己的終點，認識自己還需要真正做到知行合一。德行是知識，也是美德，只有真正做到知行合一的人才是真正有德行的人。」

「如果在座的各位知道一件事情是善的，卻又都不願意去做這件善的事情，那麼，實際上各位可能並沒有真正認識到這件事情。在我看來，一個真正知道善的人一定會去行善的。一個人到底是行善，還是作惡，都是由其對於自己的認識所致。」

第四章　蘇格拉底教授講「認識自己」

「我們可以透過認識自己的靈魂和反思自己，來不斷認識自己，獲得知識。而更為重要的是，在認識自己的過程中，要去實現自己，真正地去做，而且要去做『善』的事情。認識自己就是要讓自己的智慧和德行得到統一。」

「如果你是一個功夫之王的話，在最初你可能因為對自己認知不足，而無法發現這一點。你可能會因為知識的不足，而滿足於只做一個小混混。但隨著你逐漸認識到自己的靈魂，也隨著你不斷對自己進行反思，你會發現自己功夫之王的身分。而在那時你便需要去做『功夫之王』應該做的事情，而不能繼續再做一個小混混。」

「上面我所說的不僅是認識自己的一個重要環節，更重要的是，它也是認識自己的一個重要目的。我認為人類所做的一切惡事都是由對善的認識不足所導致的，而對善的認識不足，則是由於知識的不足，知識的不足又來源於對自我的認識不足。所以可以說認識自我的目的就是讓自己的智慧和德行相統一，從而更好地去行善，而不是作惡。」

對於蘇格拉底教授的一連串精彩的講述，講堂之中的教授和學生們無一不聽得津津有味，以至於教授講完之後，整個講堂之中保持了很長一段時間的安靜，隨之而來的則是一陣持續不斷的掌聲。

第五章

柏拉圖教授講「精神戀愛」

第五章　柏拉圖教授講「精神戀愛」

　　本章主要介紹了古希臘哲學家柏拉圖的哲學思想，在柏拉圖的哲學思想中，精神戀愛是很重要的一個部分，以至於現在依然有「柏拉圖式戀愛」的說法。柏拉圖對於精神戀愛的論述非常精彩，感興趣的讀者可以透過本章的內容仔細感受一下。

　　柏拉圖是古希臘偉大的哲學家，也是全部西方哲學乃至整個西方文化最偉大的哲學家和思想家之一。他和教授蘇格拉底、學生亞里斯多德並稱為「希臘三哲」。

第一節　愛情和婚姻可不一樣

　　經歷了上一週蘇格拉底教授的洗禮之後，顧夢萍和同學們似乎都經歷了一場大戰。對於新一週的課程，顯得有些提不起精神來。的確，很多教授的觀點對於現在的這些學生來說，似乎還並不能夠很容易理解消化。而且教授們的觀點放在現在來看可能也會顯得格格不入。

　　但哲學似乎就是這樣，如果誰要在這裡討論出絕對的正確、錯誤，或者

定下一個長久適用的真理、定律來，可能留給他的只能是無盡的挫折與失敗。沒有人能夠在哲學這一領域之中，成為絕對真理的主宰，這裡有的更多是關於哲學家們對於自然、對於人生、對於宇宙的探索追求以及討論。

　　顧夢萍與同學們慢悠悠地走在通往講堂的椰林大道上，到了講堂門口，一個身材圓胖的女生朝著她們衝了過來。可能是由於衝得太猛，以至於直接衝到了顧夢萍的懷中，顧夢萍故意表露出一種嫌棄的表情，輕輕地推開了衝過來的女生。

　　「能不能溫柔一點啊，小夢同學！」被顧夢萍推開之後，胖胖的女生好像受了委屈一般向顧夢萍抱怨道。

　　「能不能矜持一點啊，小圓同學！」顧夢萍同樣委屈地回應，同時還不忘在臉上流露出嫌棄的表情。

　　「好好講話喔！本來想要通知妳一個重要消息呢，哼！不告訴妳了。」小圓同學說完轉身向講堂走去，顧夢萍和其他同學跟在小圓的後面。

　　「什麼事啊？妳說啊！小圓，小圓，妳快說啊！」顧夢萍跟在小圓的後面不停地問，但小圓始終緊閉著自己的嘴。顧夢萍最不喜歡這樣被別人吊著胃口，而最清楚這件事的也正是她的死黨小圓，兩個人一路「纏鬥」到座位之上。

　　「哎呀，得了！別在煩我了，我告訴妳吧，據說今天課程的主題是愛情。」最終顧夢萍百般撒嬌戰勝了小圓，從她的口中得知了那個重要消息。

　　「愛情的主題？哪個教授研究過愛情的主題啊？」顧夢萍的大腦開始快速運轉起來，從古希臘到現代歐洲，從春秋戰國到 21 世紀，無數的哲學家及其思想在顧夢萍的腦海之中如走馬燈一般閃過。但無論是怎樣細緻的「翻頁」，

第五章　柏拉圖教授講「精神戀愛」

顧夢萍還是沒有辦法找到愛情哲學這一頁。

　　有些事情還不如不知道的好，知道了反而會為自己招致更多的煩惱，現在的顧夢萍正在感受著這樣的煩惱。雖然很快她便能在講臺之上看到答案，但在她心中，仍然不想放棄最後自己找到答案的機會。

　　「啊！難道是⋯⋯」

　　「各位同學大家好，這一週的課程由我來為大家講述。上一週為大家講課的是我的教授，原本我是希望能夠和教授一起來為大家講課的，但由於條件不允許，所以只能在這一週來單獨為大家講課了。」

　　「我要為大家講述的主題是愛情，在闡述我的觀點之前，我要先向大家講述幾個我與教授之間的故事，以此來展開我們這一週內容的講述。」臺上講話的教授從外形上看應該與蘇格拉底一樣是一位古希臘的哲學家。

　　「沒錯，一定是柏拉圖。」顧夢萍以一種絕對自信的口吻對旁邊的小圓說出了自己的想法，雖然小圓同學顯得一頭霧水。但顧夢萍卻百分百確信，臺上這位正是蘇格拉底的學生，同時也是「希臘三哲」之一的古希臘偉大的哲學家柏拉圖。不僅在哲學領域，可以說在整個西方文化之中，柏拉圖都可以算得上是最偉大的思想家了。

　　「在我跟隨教授學習的時候，曾經向我的教授問過一個問題：什麼是愛情？當時我的教授並沒有馬上回答我，而是要我去麥田裡面找一株最大最好的麥穗回來，同時要求我在尋找的過程只能往前走，不能回頭。這令我很疑惑，但我仍然照著教授的要求去做了。」

　　「眼前的麥田長得都很好，對於找到一個又大又好的麥穗我也很有信心。剛出發沒多久，我就看到了一個合適的麥穗，但正想摘下時，我卻想到了前

面可能還會有更大的。所以我放棄了這一株，然後繼續向前走。事實上，最終我穿過了麥田後才發現，原來最大最好的那株麥穗已經被我錯過了。」

「看到我空手而歸，我的教授告訴我說這就是愛情。我當時並不明白這是為什麼，所以又向教授請教了一個問題：什麼是婚姻。這一次，教授沒有再次讓我去麥田裡找麥穗，而是讓我去樹林之中尋找一根最大最好的木材運回來，同樣只能選擇一次。」

「雖然教授兩次要求並不一樣，但經過上一次之後，這一次我很快便找到了合適的樹木砍了下來。但在我搬運木材走出樹林的過程中，卻發現原來我選擇的這棵樹只是普普通通的一棵，既不是最大的也不是最茂盛的。」

「當我拿著這棵樹回到教授身邊時，教授很快便看出了這棵普普通通的樹木並不是最大最茂盛的一棵。因為上一次的經驗，所以我在走到半程時還沒有確定選擇哪棵樹木，但為了防止不再錯過，所以就選定了這一棵。而對於這樣的結果，我的教授卻說這就是婚姻。」

> 婚姻和愛情並不是相生相伴，有沒有愛情的婚姻，當然也有沒有婚姻的愛情。

「而正是這兩次不同的經歷，讓我逐漸形成了對愛情和婚姻的觀點。對於大多數人來說，愛情和婚姻是緊密關聯的，甚至在很多時候難以辨清。但在我看來，愛情和婚姻是完全不一樣的。那些擁有婚姻的人並不一定是因為愛情，可能會有不少人像我一樣，只是為了避免兩手空空，而臨時做出了選擇。」（見圖5-1）

圖 5-1　婚姻與愛情是兩個問題

第五章　柏拉圖教授講「精神戀愛」

「咦？是這樣的嗎？」對於柏拉圖教授的這個觀點，講堂下的同學和教授呈現出了不同的神情，有的同學臉上笑開了花，有的同學則陷入了一種認真的思考狀態之中，而有的教授甚至表現出了一種想要點頭認可的神情。

柏拉圖教授的這一番話，也徹底吊起了顧夢萍的胃口。雖然沒有表現在臉上，但顧夢萍的內心已經激動不已，急切地想要繼續聽柏拉圖教授講下去。

「同學們似乎正在思考我所提到的這個觀點，至於愛情與婚姻之間的關係，我們在下節課之中繼續探討。同時在下面的課程中，我也將繼續為大家介紹我的愛情觀，希望同學們也能夠積極地去思考。」

第二節　婚姻怎麼成為愛情的墳墓？

「在上節課之中，我簡單介紹了一下愛情與婚姻的不同之處。在這節課中，我會詳細介紹一下自己對於愛情與婚姻的觀點。當然，各位同學如果能夠在我講述的過程中說一些自己的故事就更好了。相比於我們那個時代，你們這個時代的愛情應該更加豐富多彩才對。」

「人們是為什麼而結婚的？可能這也是在座的同學們需要考慮的一個問題，當然，即使是已經結過婚的人也應該再去考慮考慮這個問題。那麼下面我想要先聽聽你們對於這個問題的看法。」（見圖 5-2）

圖 5-2　婚姻是愛情的墳墓嗎？

　　柏拉圖教授的話音剛落，整個講堂之中便一片寂靜，轉瞬間講堂之中又變得議論紛紛。柏拉圖教授的這個問題似乎打開了同學們的思考開關，整個講堂一下子變得像菜市場一樣吵鬧。

　　「當然是因為愛情啦！」在講堂安靜下來之後，一個男生很快完成了「站立—發言—坐下」這一系列完整的動作，以至於柏拉圖教授只聽見了他的聲音，卻並沒有看到他的人。

　　「因為在對的時間，遇到了對的人，所以我會選擇做對的事。」與前面的男生不同，這一次柏拉圖教授聽到的是一個非常乾淨、清澈的女孩聲音，循聲望去是一位坐在中間位置的女生。隨著女生緩緩坐下，講堂之中響起了此起彼伏的起鬨聲。

　　「結婚也並不一定是兩情相悅啊，也可能是迫於家庭壓力，被父母逼著去相親，最後只能湊合的情況也是很多的。」一個女生提出了自己的觀點。

　　「可能是在對的時間，遇到了錯的人，但沒有辦法只能選擇將錯就錯了。」另一個男生開始將答案引向了不同的方向。

　　一時間各種各樣的答案開始在講堂之中飄蕩，整個講堂似乎分成了兩個

第五章　柏拉圖教授講「精神戀愛」

不同的派別，一派的意見是「為了昇華愛情而結婚」；另一派的意見則是「順其自然才結婚」。雖然沒有站起來回答問題，但在情感上，顧夢萍還是比較支持「為了昇華愛情而結婚」這一派的。

愛情是我們找到了那個最好的人，而婚姻只是我們找到了一個合適的人。

「好，很好，看樣子對於這個問題大家思考得已經很全面了。那麼下面就由我來談談對於這個問題的看法。對於同學們的回答，我並不能單純地說同意哪一派，我只能從我的知識經驗來談一談這個問題。」

「正如我前面課程所講述的內容一樣，愛情和婚姻雖然存在密切的關聯，但卻並不是一個樣子的。愛情更多的是一次次艱難的選擇，而婚姻則在很多情況下都變成了一種迫於無奈的選擇，正如我在上面故事中的經歷一樣。」（見圖 5-3）

圖 5-3　婚姻不同於愛情

「在追求愛情的過程中，我們會想著自己總能遇到更好的，所以一再錯過。正是因為在愛情之中的遺憾，所以在追求婚姻的過程中，我們一旦遇到一個自認為合適的人，便會做出自己的選擇。在步入婚姻殿堂之後，在日常的生活之中，我們會漸漸發現原來自己所選擇的並不是最好的那個人，而只是適合自己的那個人。」

「大家應該都聽過『婚姻是愛情的墳墓』這句話，那麼究竟是什麼原因讓婚姻變成愛情的墳墓呢？在愛情之中，我們可以一直挑選，而在婚姻之中，我們便已經沒有了選擇。除了這一點外，影響婚姻的因素還有很多，關於這方面的內容，我也曾經諮詢過我的教授。」

「我的教授曾讓我去田野之中尋找一朵漂亮的鮮花。按照教授的要求，我在田野中繞了很久，最終選擇了一朵顏色十分豔麗的鮮花。但當我摘下它回到教授的身邊時，我發現這朵原本顏色豔麗的鮮花已經有些枯萎了。仔細想來，這似乎就和我們的婚姻不像愛情那樣充滿魅力一樣。」

「正如前面所說的，大多數情況下，婚姻只是我們找到了合適的那個人，卻不一定是最好的那個人。即使是我們找到了最好的那個人，在漫長的婚姻生活之中，他／她也會如最初的那朵美麗的鮮花一樣慢慢失去光澤。因為當我們摘下這朵鮮花後，它便開始慢慢枯萎，從而逐漸失去美麗。」

「而在我們漫長的婚姻生活中，這種過程是會一直持續的。但同時我們的周圍還會出現許多新的豔麗的鮮花，對比之下，我們便會對婚姻產生一種失望之情。正因如此，婚姻便被看作愛情的墳墓了。」

「事實上，並不是每一個人的婚姻都會成為愛情的墳墓。曾經我向我的教授詢問什麼是幸福。我的教授依然讓我去田野之中尋找一朵最美的花，而且只能採摘一朵，並且只能向前不能回頭。於是我按照教授的要求前往田野中尋找花朵。」

「走著走著，我找到了一朵很美麗的花朵，並且摘了下來。雖然在繼續向前走的過程中，同樣看到了許多美麗的花朵，但我都沒有改變自己的主意，也並沒有後悔，而堅決認為自己的花是最美的。雖然它已經有一些枯萎了，但我依然認為這朵花在我眼中是最美的。」

「在我走出田野之後，我的教授告訴我這就是幸福。而在我看來，這便是讓婚姻不會成為愛情的墳墓的一個重要方法。」

第五章　柏拉圖教授講「精神戀愛」

第三節　為什麼非要一夫一妻制不可？

「從前的人與現在的人並不一樣，從前人的形體是一個圓團，腰和背都是圓的，每人有四隻手、四隻腳，頭和頸也是圓的，頭上有兩副面孔，前後方向相反，耳朵有兩個，生殖器有一對，其他器官的數目都按比例加倍。」

但柏拉圖教授這樣描述完之後，講堂之中的同學們開始議論紛紛，他們開始在自己的頭腦之中構思從前的人的形體，並用手在空中繪製起來。

「那麼為什麼前人會有如此的身體構造呢？因為男人由太陽生出，女人由大地生出，陰陽人則由月亮生出。隨著人類的力量越來越強大，為了防止人類背叛，宙斯和眾神決定尋找一個方法來對付人類，但同時又不能讓人類因此而滅絕，不然就沒有人類再向神進行犧牲祭祀了。」

柏拉圖教授繼續講著自己的故事，雖然講堂之中的同學們並不知道柏拉圖教授想要講些什麼，但是對於教授所講的這個故事，全部表現出了濃厚的興趣。

「為了削弱人類不斷成長的力量，同時保證人類不至於因此滅絕，宙斯決定將人類截成兩半。這樣一來不僅能夠削弱了他們的力量，同時還能夠增加人類的數目，這樣一來人類對於眾神的犧牲和祭祀也會成倍增加。」

「當人類被截開之後，他們只能夠使用兩只腳來走路。同時宙斯又讓阿波羅將人的面孔和半邊頸項轉到截開的那一面，而把截開的皮從兩邊拉到中間，拉到現在的肚皮地方，把縫口在肚皮中央繫起，這樣便形成了人類的肚臍。最後再將人類身上的皺紋抹平，就形成了現在的人類。」

正當大家聽得興起的時候，柏拉圖教授竟然講起了「恐怖故事」，這真是讓人猝不及防。而當柏拉圖教授講到這一部分時，大家也都被驚出了一身

冷汗。在顧夢萍看來，要這樣解釋人類的形成的話，倒不如用女媧造人的傳說更讓人好接受一些，她寧願自己是泥土做成的，也不願意接受自己是被截出來的。

「就是像這樣，從很古老的時代，人與人彼此相愛的情慾就種植在心裡，它要恢復原始的整一狀態，把兩個人合成一個，醫好從前截開的傷痛。」

「凡是由陰陽人截開的男人就成為女人的追求者，男情人大半是這樣興起來的，至於截開的女人也就成為女情人，即男人的追求者。凡是由原始女人截開的女人對於男人就沒有多大的興趣，只眷戀和自己同性的女人，於是有女子同性愛者。凡由原男人切開的一半而成的男人，尋的都是男的；還是少男的時候，他們就親近男人 —— 因為他們是由原男人切開的一片，愛和男人做朋友，喜歡和男的一起睡，乃至於互相擁抱交纏在一起。」

這個世界上一定存在屬於你的天生一對，但找不找得到就不好說了。

圖 5-4　每個人都在找自己的天生一對

「原來是這樣！」顧夢萍有了一種恍然大悟的感覺，原來柏拉圖教授是在講這個。大多數講堂之中的同學都像顧夢萍一樣，好像一下子從混沌之中清醒了過來。

「上面的故事是我在《會飲篇》之中所描繪的場景，這也是我所認為的人類愛情產生的根本原因。我們每個人都不是一個完整的人，而我們所擁有的那種對於完整的追求和希冀便產生了愛情。每一個人都想要尋找到自己最為完美的另一半，這就是愛情。」（見圖 5-4）

第五章　柏拉圖教授講「精神戀愛」

「其實在這裡，我的故事似乎又解釋了一個現代婚姻之中的重要理念。在座的同學們，你們對於一夫一妻制是怎麼看待的？」

一夫一妻制？仔細想來，在顧夢萍的頭腦之中，這似乎並不是一個能夠討論的問題，更多時候這更像是一種根深蒂固的理念扎根在每一個人的心中。事情不就是應該這樣嗎？婚姻不就是應該一夫一妻制嗎？仔細想來，顧夢萍確實沒有考慮過一夫一妻制存在的合理性。

可能不只是顧夢萍，大多數人應該都沒有考慮過這個問題。這就好像為了成長就必須吃飯，想要購物就一定要花錢一樣，是一件約定俗成的事情。如果要用理論來論述這個制度的合理性的話，男女平等是顧夢萍想到的唯一原因。

「可能在這個問題上，大家更多的會想到男女平等的問題。但在我看來，以我上面故事之中的答案來進行解釋，可能更具合理性一些。」

顧夢萍開始回憶柏拉圖教授在前面所講述的那個故事，其實顧夢萍只聽到「宙斯將人類截成兩半」那部分，因為覺得後面的故事似乎過於恐怖，顧夢萍便選擇性地忽視掉了。

「因為最初的人類本來是完整的，但在被天神截成兩半之後，人類便變得不完整了。所以人類需要透過愛情來獲得完整。」

「如果這樣一個人，碰巧遇到另一個人恰是他自己的另一半，那就會發生什麼樣的情形呢？他們就會馬上互相愛慕，互相親暱，一刻都不肯分離。他們終生在一起生活，可是彼此想從對方得到什麼好處，卻說不出。沒有人會相信，只是由於共享愛情的樂趣，就可以使他們這樣熱烈地相親相愛，很顯然，兩人心中都在憧憬著一種隱約感覺到而說不出來的另一種

天生一對

圖 5-5　天生一對

東西。」（見圖 5-5）

「因為人類只需要尋找到自己的另一半就足夠完整了，卻並不需要尋找到過多的另一半，一個人最完美的另一半只有一個，就是那個與他最初連接在一起，後來被天神截開的另一半。所以無論是對於愛情，還是在婚姻生活中，一夫一妻是非常合理的。」

聽完了柏拉圖教授的論述，顧夢萍又一次有了恍然大悟的感覺。雖然覺得柏拉圖教授的這種理由有些不那麼容易接受，卻讓顧夢萍有一種耳目一新的感覺。同時，從柏拉圖教授的故事之中，顧夢萍似乎發現了一些論述其他觀點的例證。按照柏拉圖教授所講述的「從前的人的分類」以及「天神將完整的人截成兩半」的故事，似乎存在於同性之間的戀愛也可以被理解。

第四節　沒車沒房也能擁有愛情

「當心靈摒絕肉體而嚮往著真理的時候，這時才是最好的。而當靈魂被肉體的罪惡所感染時，人們追求真理的願望就不會得到滿足。當人類沒有對肉慾的強烈需求時，心境是平和的，肉慾是人性中獸性的表現，是每個生物體的本性，人之所以是所謂的高等動物，是因為在人的本性中，人性強於獸性，精神交流是美好的、是道德的。」

「愛情需要什麼？這是我在這節課之中想要和大家一同探討的問題。可能在你們現在，愛情需要的東西太多太多，大家可以就這個問題談一談自己的看法。」

第五章　柏拉圖教授講「精神戀愛」

　　愛情需要什麼？這並不是一個難以回答的問題，但是想要準確地回答這一問題卻又並不那麼容易。在顧夢萍看來，現代人的愛情更多地需要植根於經濟基礎之上，這與柏拉圖教授所生活的時代截然不同。不同的經濟基礎將會決定不同的愛情形態，雖然不是經濟學專業的學生，但顧夢萍卻對這個問題有著很深的理解。

　　「我對於這個問題的觀點很明確，在我看來，愛情應該是摒棄肉體以外而對於真理的追求。一個人只有在對肉慾沒有強烈的需求時，才能夠保持心境的平和，而在心境平和之後，才能夠進行完美的戀愛，當然這是一種摒絕肉體的，建立在精神層次上的戀愛。」（見圖 5-6）

　　柏拉圖教授繼續闡述著自己的觀點，事實上，對於柏拉圖教授的精神戀愛觀點，講堂之中的大多數同學都很了解。但從現在講堂之中同學們的反應來看，柏拉圖教授的這種觀點很可能會受到同學們「猛烈的反擊」。

　　「愛情並不是一件風花雪月的事，更多的是平平淡淡的質樸生活，而決定生活質量的也並不是您說的『精神交流』，更多的應該是物質方面的基礎。」第一個站起來發言的竟然是一位年長的教授，而且在一開始這位教授便正面對柏拉圖教授的觀點發起了挑戰。正當顧夢萍為柏拉圖教授擔心時，「另一發砲彈」也已經發射了。

　　「雖然現在很多男生認為，真正的愛情並不應該在乎房子和車子。但是對於女生來說，我們看中的其實並不是房子本身，而只

愛情是物質的，還是精神的，這對於每一個人來說都是需要考慮的問題。

圖 5-6　愛情是精神的還是物質的？

是一個真正安穩的家而已。如果說愛情是一株植栽的話，房子就像是花盆，沒有花盆的植栽要生長在哪裡？路邊嗎？田中嗎？還是要生長在種植棚架之中？那樣的愛情還能夠稱作為愛情嗎？」

至少從語勢上來感受，這「第二發砲彈」絲毫不比第一發遜色，甚至是有過之而無不及。由此，顧夢萍想到了另一個比喻，如果說房子是愛情的花盆的話，那麼票子就應該是愛情的活水。光有了花盆，但沒有灌溉的水源，那麼愛情的植栽也是會一點點枯萎的。如果票子是愛情的活水，那麼銀行存摺就應該是愛情的灑水壺，那愛情的肥料是什麼呢？

「我覺得愛情需要的並不是外在的這些東西，而是愛情雙方的互相信任、相互扶持。經濟基礎作為一個客觀條件，並不是每個人都能夠具備的，但可能現在雖然不具備，以後會具備。那麼經濟基礎還會成為愛情的條件嗎？」

柏拉圖教授的支持者似乎出現了，以經濟基礎為論點的愛情遭到了有力的回擊。雖然講堂之下大家辯論得風生水起，但是柏拉圖教授在講臺上卻依然顯出很悠然的狀態。柏拉圖教授並沒有顯現出一種胸有成竹的樣子，但似乎對於要如何繼續講述自己的內容卻已經有了準備。

「時代不同，愛情的形式和內容也會出現較大的變化。雖然對於愛情的研究大家可能並沒有我深入，但聽過了大家的觀點之後，我發現並沒有辦法用自己的愛情觀點來反駁或是說服大家。所以在這裡，我只是對自己的愛情觀點進行闡述，而不去評論大家的觀點，當然，如果大家能夠從我的觀點之中獲得一些啟示，那是最好不過的。」

「在我的愛情理念之中，自由是愛情的一個重要因素。只有擁有足夠的空間，愛情才能夠茁壯成長。愛情並不應該以某一方的犧牲，或是某一方的佔有為條件。愛情是自由的，擁有愛情的雙方應該有一定的距離和神祕感，這

樣的愛情才能夠維持恆久的溫度。」

　　「平等也是愛情的一個重要因素。相愛的雙
方是自願、平等的，不應該存在依附或者佔有的
關係。當然，並不是說一方付出得多，另一方付
出得少，這種愛情就是不平等的。我所說的平等
並不是物質方面的絕對平等，而應該是精神層面
上的平等。」

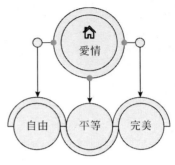

圖 5-7　愛情三要素

　　「完美是愛情的另一個重要因素。世上有且只有一個人對於我們個人而
言，是絕對完美的。每一個人都會擁有自己的完美對象，而且只有一個。」
（見圖 5-7）

　　「相對於愛情之中的物質條件來說，上述我所提到的精神方面的因素要更
為重要。大家在前面曾提到過物質條件是決定愛情能否長久的原因，但在我
看來，物質條件更多是滿足精神條件的一個因素。我們選擇送給對方禮物，
目的是使對方開心，而不是為了送禮物而送禮物。所以最終在愛情中，我們
所追求的仍然是精神方面的交流與愉悅。」

　　「也有的人送禮物並不是為了讓對方開心，而只是為了讓對方掉以輕心，
從而成功騙取對方的感情的例子啊。」柏拉圖教授的講述被一個尖利的女聲
所打斷，這一發言同時也讓講堂一下子安靜了下來。

　　「這正如我前面所說的，當靈魂被肉體的罪惡所感染時，人們追求真理的
願望就不會得到滿足。而當人類對肉慾充滿強烈追求時，更多表現出來的是
人性之中的獸性，這在愛情之中是不美好、不道德的。」

　　「真正的愛情是一種持之以恆的情感，唯有時間才是愛情的試金石。唯有

超凡脫俗的愛，才能經得起時間的考驗。」柏拉圖教授的這句話始終在顧夢萍的耳畔迴蕩，雖然對於柏拉圖教授的愛情觀點存在一些不同的看法，但顧夢萍卻相信在未來的生活中，一定有一個完美的另一半在等待她、尋找她。

第五章　柏拉圖教授講「精神戀愛」

第六章

亞里斯多德教授講「形而上學」

第六章　亞里斯多德教授講「形而上學」

　　本章主要介紹了古希臘哲學家亞里斯多德的哲學思想，亞里斯多德可以說開創了「形而上學」的先河，對於後世研究者產生了深遠影響。但相對來說，亞里斯多德的「形而上學」思想是較難理解的，所以本章並沒有過於深入地探討這方面的內容，而是從讀者容易理解的角度進行了闡述加工。

　　亞里斯多德是世界上偉大的哲學家、科學家和教育學家之一，堪稱希臘哲學的集大成者。身為一位百科全書式的科學家，他幾乎對每個學科都做出了貢獻。他的寫作涉及倫理學、形而上學、心理學、經濟學、神學、政治學、修辭學、自然科學、教育學、詩歌以及雅典法律。亞里斯多德的著作構建了西方哲學的第一個廣泛系統，包含道德、美學、邏輯和科學、政治和玄學。

第一節　存在的存在是什麼？

　　一連兩週出現了兩位偉大的古希臘哲學家，「趣味哲學」課徹底紅了起來。對於大多數同學來說，單純從書本上獲取的知識實在是沒有親自聆聽先哲的講述更有意思。雖然在如今的時代條件下，許多哲學家的觀點可能並不是那麼十分準確，但是從時代角度來看，在當時的時代，他們的思想無疑是領先的。

　　雖然在一些方面，顧夢萍並不認同哲學教授們的觀點，但為了能夠更加全面地了解哲學，顧夢萍依然每堂課都保持著充沛的精力。在連續聆聽了兩位古希臘哲學先賢講課之後，顧夢萍似乎已經猜出了這周講課的教授會是誰了。古希臘三哲來了兩位，第三位又怎麼可能會缺席呢。

　　「上週的課程是由我的教授為大家講述的，聽說內容是『精神戀愛』，對此我感到有些不理解。我的教授竟然沒有講自己拿手的『理型世界』和『理念』，竟然去講什麼『精神戀愛』，看樣子我的教授也要去追趕潮流了。」

　　「雖然我很敬重我的教授，但是不得不說，我的很多觀點和他並不相同。我並不會選擇大家喜歡的主題去進行講解，我只會選擇自己最拿手的觀點進行講解。這一點在上課之前我要和大家說明白，而且對於我的課，希望大家能夠仔細去聽，因為我的課程可能並不那麼容易理解。」

　　顧夢萍猜測的果真沒有錯，在講臺上發言的人正是希臘哲學的集大成者，柏拉圖的學生亞里斯多德。不僅在哲學方面有著很高的建樹，亞里斯多德更是一位百科全書式的思想家，他的著作涉及倫理學、形而上學、心理學、經濟學、神學、修辭學、教育學等學科。他更是被稱為古希臘哲學家之中最博學的人物。

第六章　亞里斯多德教授講「形而上學」

雖然顧夢萍對於亞里斯多德的名氣知道得很詳細，但對於亞里斯多德的著作卻基本沒有接觸過。正如前面亞里斯多德所說，他的思想確實不容易理解。所以對於亞里斯多德的觀點，顧夢萍並沒有太多的了解。所以對於顧夢萍來說，現在藉著這個機會，認真聽一聽亞里斯多德教授的講述，對於理解其思想內容應該是大有助益的。

存在與實體是統一的，任何一個事物直接就是存在。

圖 6-1　存在與實體是統一的

「今天在第一堂課之中，我想要和大家講一講『存在』的內容。關於『存在』的問題，一直都是哲學家們探索的關鍵問題，不同的哲學家可能對於這一問題有著不同的看法。但是對於我來說，存在的意義或者就偶性而言，或者就自身而言。」（見圖 6-1）

「例如，我們說『公正的人是文雅的』，『這人是文雅的』，以及『這個文雅的人是人』。這正如我們說『這個文雅的人在造屋』，這個造屋的人恰好『是』文雅的，或者這個文雅的人恰好『是』造屋者。在這裡『這一個是那一個』就表示這一個恰好是那一個的偶性。」

「在我看來，偶性是一種非常接近不存在的東西。偶性和機遇確實在發生著和存在著，不過不是作為自身而是作為他物。我認為偶然的屬性不能成為科學研究，事實上，也並沒有一門學術自投於這種研究。所以對於存在，我們應該深入去探討自身而言的存在。」

「就自身而言的存在的意思正如範疇所表示的那樣，範疇表示多少種，存在就有多少種。在各種範疇的表述之中，有的表示質，有的表示量，有的表

示關係，有的表示動作與承受，有的表示地點，有的表示時間，每一範疇都表示一種與之相同的存在。」

「在我看來，『存在』就是指一切事物中最根本、最普遍的東西，『存在』有多種意義，但與某種唯一的本性相關，並非一個同名的字眼，任何事物都可以被說成是『存在』。這也是就自身而言的存在來說的。」

「所以說，『存在』不過是最普遍因而也是最空洞的稱謂，它可以用來表述包括實體以內的一切東西，但它本身並不是這些東西。任何一個事物直接就是『存在』，『存在』本身就是事物內在的規定性，因此沒有必要把它們單獨提出來去表述事物。」

「亞里斯多德教授究竟在講些什麼？」顧夢萍已經完全聽不懂亞里斯多德教授所講的內容了。顧夢萍的腦海中很多東西交織在了一起，原本便難以解開的線團被再一次纏繞到了一起。

「可能有些同學並沒有理解我所講到的內容，其實我想要表述的內容很簡單，關於『存在』，它的各種不同意義所指向的第一存在形式便是本體。說有些事物是存在，是因為它們是本體，另外一些事物是因為它們是規定，有些則是因為它們乃是通往本體的行程。」

亞里斯多德教授依然在繼續講解著存在的內容，但顧夢萍依然沒有解開自己腦海之中的「毛線團」。

第二節　蓋房子的四種原因

在第一堂課過後，顧夢萍腦海之中的「毛線團」纏繞得越來越近，她已經完全被「存在」搞暈了。究竟什麼是存在？存在產生的原因是什麼？這些

第六章　亞里斯多德教授講「形而上學」

問題，亞里斯多德教授在課堂之上也並沒有解決，這讓原本並不複雜的存在成了顧夢萍腦海之中最為複雜的哲學問題。

「在上節課，我們講到了存在的一些基本內容，講到了偶性的存在和自身的存在，那麼在這節課之中我們來講述一下事物存在和運動的原因。在這裡，我主要為大家講解一下關於事物運動的四種原因。」

看樣子，亞里斯多德教授絲毫沒有意識到大家對於上一節課程存在的疑惑，仍然在按照自己的節奏講課。沒有辦法，顧夢萍只得暫時放下腦海之中的「毛線團」，繼續跟著亞里斯多德教授的思路「運動」下去，並希望這節課程的內容能夠容易理解一些。

「我將事物存在和運動的原因歸結為四個方面。要有原因，就要首先擁有為什麼，下面我便從問題的角度來介紹這四個方面的原因。」

「事物為什麼能夠在運動中繼續存在？我用質料因來解答這個問題，因為在運動的過程中，它們由共同不變的質料構成。」

「事物為什麼能以一定的方式運動？我用形式因來解答這個問題，因為它們有著特定的方式。」

「事物為什麼能開始結束運動？我用動力因來解答這個問題，因為它們在運動過程中都會受到推動的作用。」

「事物為什麼要運動？我用目的因來解答這個問題，正是因為存在一定的目的，所以事物才需要進行運動。」

「上面這些便是我所認為的事物運動的四種原因。首先是質料因，因為事物是由不變的質料構成的。其次是形式因，因為不同的事物擁有各自特定的形式。再次則是動力因，因為事物是在受到推動者的推動和作用才向前運動

的。最後則是目的因，因為事物的運動是在一定的目的的引導下而開始的。」
（見圖 6-2）

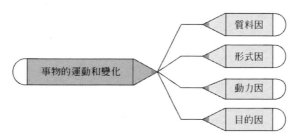

圖 6-2　事物運動的四種原因

世間萬物的運動變化主要可以用四種原因來解釋。

圖 6-3　四因論可以解釋萬物的運動

「我們可以用蓋房子的故事來更好地認識這四種原因。當我們在蓋房子時，最初的木材、水泥，是用來蓋房子的基礎材料，也就是蓋房子這項活動的質料因。蓋房子需要遵循一定的設計圖和設計方案，這就是蓋房子這項活動的形式因。而工人們砌牆、鑲磚、製造家具則是在推動蓋房子這項活動向前發展，那麼這就是這項房子的動力因。最後，我們蓋房子的目的是居住，所以居住就是我們進行蓋房子這項活動的目的因。」（見圖 6-3）

「這樣一個完整的蓋房子的活動就完成了，而在整個活動之中，四種原因可以說貫穿始終。那麼如果將這項活動改為製作雕塑的活動，四種原因會發生怎麼樣的變化呢？哪個同學能夠回答一下這個問題？」

「如果是一項製作雕塑的活動的話，質料因應該是製作這個雕塑需要用到

的材料，根據雕塑的類型不同，可以是石膏，也可以是銅。而形式因則是製作這個雕塑需要用到的模具。動力因是雕塑家們的雕刻行為。最後的目的因應該就是完成這個雕塑，用來進行觀賞。」坐在最前排的男生乾淨俐落地說出了自己的答案，然後又乾淨俐落地坐了下來，整個過程如行雲流水一般。而顧夢萍還在思考這項雕塑活動究竟要用什麼樣的材料。

「很好，回答得非常完美，看來上面我的講述大家應該都明白了。那麼我就來繼續講述下面的內容。」

「在我看來，除了質料因之外，形式因、動力因和目的因在很多時候通常都是一致的。或者說這三種原因之間存在必要的關聯。因為形式因是事物的本質，而一個事物在運動過程中的目的就是它所應有的本質。在另一方面，一個事物只能接受與他本質相同的東西的作用，目的因和動力因都應該統一在形式因之中，所以這四種原因又可以劃分為質料和形式兩種不同的類別。」

「對於自然物來說，質料和形式是其形成的不可或缺的兩個方面，但它們在事物中的作用和地位卻是不盡相同的。有些事物是質料優於形式的，而有些事物的形式卻是優於質料的，但同時兩者之間又是相對的。」

「質料是構成事物的底層，形式必須和質料結合起來才能成為一個完整的事物。對於第一級的事物應該是形式的東西，而在高一級事物中則應該是質料。這樣看來，整個宇宙似乎就是一個從質料到形式交替上升的統一序列。」

「運用這四種原因便能夠解釋時間事物的運動和變化，所有的事物都應該包括質料因和形式因，不存在缺少質料的形式，同時，也不存在缺少形式的質料。可以說兩者相互關聯，同時也相互獨立，有所區別。」

雖然這節課的內容要比上節課好理解一些，但顧夢萍依然感覺到自己的大腦已經開始超負荷運轉了。

第三節 怎樣才能活得幸福？

「在最後的課程之中，我希望為大家講述一些簡單，並且容易理解的內容。同時這也是大家容易接受，更具有實用性的內容。這個內容就是我對於人們如何獲得幸福的一些看法。」

「大家在前面的課程之中，可能聽到過我的教授講述幸福的內容。在這一方面，我從我的教授那裡學到了許多，雖然我的觀點在整體上與我的教授很相近，但還是希望大家能夠從中找到我們觀點上的不同，然後根據自己的基本條件去進行選擇。」

亞里斯多德教授的話讓顧夢萍從前面的課程之中走了出來，在顧夢萍的印象之中，前面兩位教授應該都沒有具體講到過幸福的內容。柏拉圖教授雖然講到了愛情，但顧夢萍卻絲毫沒有感覺到幸福，一想到柏拉圖教授，顧夢萍就會想起那個「天神將人類截成兩半」的故事。

「在談到幸福之前，我們應該首先認識一下『善』。在我看來，『善』可以分為三種不同的類別，一類是外在的善，另一類是身體的善，還有一類是靈魂的善。在這三種『善』之中，靈魂的善是最主要的、最高的善，而真正的幸福，也就在這種最主要的、最高的善之中。」（見圖6-4）

圖 6-4 幸福

第六章　亞里斯多德教授講「形而上學」

「我對幸福的第一點理解便是幸福是至善。外在的善並不是幸福，更多時候，外在的善只是幸福的一種補充，真正的幸福是指靈魂的善。所以，最高的幸福就是靈魂的合乎理性的現實活動。」

「在這裡，大家對於幸福和快樂之間的關係是怎麼看的呢？」亞里斯多德教授停了下來，等待同學們的回答。隨著亞里斯多德教授停止講課，講堂中也霎時安靜了下來，整個講堂陷入一種不可名狀的寂靜之中。

「快樂是幸福的基礎，快樂的人將會更容易獲得幸福，而不快樂的人則很難獲得幸福。幸福就一定快樂，但快樂卻不一定幸福。」打破寂靜的是一個坐在後排的女生，對於她的回答，亞里斯多德教授也是頻頻點頭。

「幸福應該伴隨著快樂，但快樂卻不一定就是幸福，幸福不是臉上的笑容，只有發自內心的快樂，才能被稱作幸福。」寂靜被打破之後，講堂中便熱鬧了起來，大家回答問題的熱情也顯然高漲了起來。相比於前兩節不好理解的課程，亞里斯多德教授講的幸福似乎並不那麼難理解。

「沒錯，正如大家回答的那樣。幸福應該是靈魂的至善，應該是發自內心的一種感覺。而在另一方面，我認為幸福同時還是一種符合美德的現實活動。關於這一方面，我們也可以分成兩點來理解。」

「首先幸福應該是與美德緊密相連的，一個人的生活是否幸福，要看他的生活行為是否符合美德的要求。美德也是一種善，所以一個人的生活只有擁有『善』，才能夠算得上的是幸福的生活。」

「另外，幸福不應該只停留在靜止的狀態之中，幸福還應該是某種現實的活動，或者說幸福需要透過某種活動去實現。」

「將這兩點結合起來，也就是我所說的幸福應該是一種符合美德的現實活

只有平衡和節制才能讓人變得快樂和幸福。

圖 6-5　幸福需要平衡和節制

動。幸福不應該只停留在對美德的認知層面上，而是應該在行動之中去實現。我們做公正的事情才能成為公正的，進行節制才能成為節制的，表現勇敢才能成為勇敢的。所以幸福應該是透過美德，透過學習和培養來獲得的。」（見圖 6-5）

「同時，我所說的幸福是終極的、自足的，同時也是有條件的。我們現在所主張的自足就是無待而有，它會使生活變得愉快，不感睏乏。而這也就是我們所說的幸福。它在一切善的事物之中也是最高的選擇。」

「當然，幸福也是需要一些外在的條件的，單純地依靠我們自身的行動是不夠的。這也就需要提到我們前面所說的幾種『善』，首先幸福需要我們身體的善，這一點也可以理解為身體上的康健，這應該是幸福的一個補充條件。其次，幸福同樣要以外在的善作為補充。」

「在這一點上，我認為如果把一個醜陋、孤苦、出身微賤的人稱作幸福的，那就與我們的幸福觀不相符合了。尤其不能把那種對子女及親友都極其卑劣的人，或者雖有好的親友卻已經死去了的人稱為幸福的。」

「外在的條件是幸福的補充，對於幸福而言是不可或缺的。但我們並不能因此而過多地看重外在的條件，而認為幸福就是需要佔有很多外在的東西。」

「一個人可以並不是大地和海洋的主宰者，但做著高尚的事業，有一個中

等水準的財富，一個人就可以做合於美德的事情 —— 盡人皆知，那些普通的平民也可以和權貴們一樣做可敬的事情，甚至做得更多些。而這就夠了，因為合於美德而活動的生活，就是幸福的生活。」

「而對於幸福的生活，在我看來一共可以分為三種：享樂的生活、政治的生活和沉思的生活。享樂的生活以生活享受為滿足，是一種原始的動物性生活。政治的生活則是在不停地追逐財富、名譽和權力等不善的東西。只有沉思的生活是人類最好的生活，而沉思的生活也是幸福得以實現的重要前提和途徑。」（見圖 6-6）

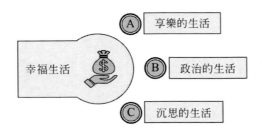

圖 6-6　幸福生活

「人可以將獲得的自足、閒暇，無勞動和享福祉的人的其他特性在沉思之中找到。所以在我看來，沉思應是人類最大的幸福，它是一種人的智慧的自由活動，不依賴於外部環境，只有在沉思之中我們才能獲得閒暇，這是一種自足的幸福。」

「希望各位同學能夠在日後的生活之中獲得最高的幸福。我的課程到這裡就結束了。」

第七章

莊子教授講「無為」

第七章　莊子教授講「無為」

　　本章主要介紹了哲學家莊子的哲學思想，莊子的逍遙向來是眾人追求的生活目標。而在莊子逍遙的背後，其實隱藏的是一種無為之道。本章摘取了莊子的一些哲學思想，在追求趣味性的同時，力求為讀者呈現出更為全面的莊子哲學。

　　莊子是東周戰國中期著名的思想家、哲學家和文學家。創立了華夏重要的哲學學派莊學，是繼老子之後，道家學派的主要代表人物之一。他的代表作品為《莊子》，其中的名篇有〈逍遙游〉、〈齊物論〉等。與老子齊名，被稱為老莊。

第一節　逍遙之道

　　雖然沒有完全弄懂亞里斯多德教授所講的內容，但經歷了「希臘三哲」的洗禮之後，顧夢萍感覺自己的哲學素養一下子上升了不少。走在去講堂的路上，整個人也呈現出一種飄飄然的感覺。事實上，那些深奧的哲學思想對於顧夢萍來說，就像是難以消化的「牛肉」一樣，雖然可以填飽肚子，卻不那麼容易汲取到營養。

　　新的一週，新的教授，顧夢萍又早早在講堂之中選好了座位。到了上課時間，講堂之中已經坐滿了學生，但講臺之上卻遲遲不見教授出來講課。同學們開始議論紛紛，坐在前排的幾位教授也是不知所措。

　　「夫道有情有信，無為無形；可傳而不可受，可得而不可見；自本自根，未有天地，自古以固存；神鬼神帝，生天生地；在太極之先而不為高，在六極之下而不為深，先天地生而不為久，長於上古而不為老。」正當講堂之中的議論聲逐漸放大時，一個聲音從後臺傳來，讓原本喧囂的講堂變得安靜下來。

　　「你們看得到我嗎？聽得到我說話嗎？」從後臺緩緩走來的男子一邊整理衣冠一邊提出了自己的第一個問題。

　　「你們當然看得到我，當然聽得到我說話，但你們看不到『道』，也聽不到『道』。」男子依然在繼續自顧自地說著，走到講臺中間，他整理儀容坐了下來。並不是坐在椅子上，而是直接坐在了講臺的地面上。

　　「好，那麼現在開始我們的課程。在來之前，我想了想這次課程究竟要從哪裡開始講起。但想著想著我卻不知不覺地睡著了，在睡夢之中，我夢到自己變成了一隻蝴蝶。在我變成蝴蝶的這段時間中，我聽到另一隻蝴蝶讓我在

第七章　莊子教授講「無為」

講課之前為你們解釋一句話。」（見圖 7-1）

「信言不美，美言不信。善者不辯，辯者不善。知者不博，博者不知。聖人不積，既以為人己愈有，既以與人己愈多。天之道，利而不害。聖人之道，為而不爭。」

圖 7-1　莊周夢蝶

「這句話的意思是說誠實的話不漂亮，而漂亮的話不真實。善良的人不太辯解，巧辯的人不善良。有智慧的人並不是無所不知，什麼都知道的人也並不智慧。聖人從不吝嗇，而是盡力幫助別人，這也使他自己變得更為充足，他盡力給予別人，自己反而更加豐富。上天的準則是，施利於萬物卻不傷害它們。聖人的準則是，幫助、給予他人卻不與他們競爭。」

「這些話理解起來並不困難，但實際去做卻並不容易。因為在後面我的課程中，可能會有所涉及，在這裡希望大家能夠將這句話牢記於心中。」

「最後，還沒等我想到要首先為大家講什麼內容時，我的夢便被外面的吵鬧聲所吵醒了。既然現在我正坐在大家的面前，那麼我們就首先來談論一下『道』的問題吧。雖然你們可能已經接觸過這個問題了，但我的『道』可能和你們已經學習過的『道』有所不同。」

不提蝴蝶，顧夢萍應該不會這麼快猜到講臺上的教授是莊子。對於與莊子教授同名的著作，顧夢萍可是愛不釋手，她也希望自己能夠像一隻蝴蝶一樣，自由自在地四處飛翔。何止是她，這可能是每一個人都想尋找的一種體

驗，但現實畢竟是現實，即使想像再瑰麗，也無法擊碎現實的牆壁。

「其實我在一上來所說的那句話，正是表明了我對『道』的看法。在我看來，『道』是真實存在的，我們可以用心去感受到它，但我們卻沒有辦法用眼睛看到它，用耳朵聽到它，用手去摸到它，當然也很難去用語言來表述它。」

「所以我在向大家講述『道』的時候，如果大家覺得我的描述並不容易理解的話，那是因為『道』原本就是無形的，我們看不到，也摸不到它，更沒有辦法用語言來描述它。」

「夫道，負載萬物者也，洋洋乎大哉！」

「夫道，淵乎其居也，漻乎其清也。」

「雖然沒有辦法去觸摸到『道』，但我卻能夠感覺到『道』是包容萬物，浩瀚廣大的，同時它也是清澈澄明、悠遠深邃的。」

「曾經一個名叫無始的人說：道不可聞，聞而非也；道不可見，見而非也；道不可言，言而非也！知形形之不形乎！道不當名。」

「他認為使形狀成為形狀的東西，一定不會顯現為形狀。如果它顯現為形狀，它就落入了『具體』之中。而事實上，『道』是無限的，所以既不能用形狀，也不能用名稱來限定它。甚至是『道』這個稱號也只是假借的而已。」

道是萬物生成的根源，同時也是萬物興衰變化的主宰。

圖 7-2　「道」主宰萬物變化

第七章　莊子教授講「無為」

「在我看來，『道』是萬物生成的根源，同時也是萬物興衰變化的主宰。它不僅無形無聲，更是無所不在。但『道』卻並不是一個具有實在意義的實體，它是一種玄之又玄的存在。整個宇宙這個整體就是『道』，它包蘊天地，是一種廣大無窮的境界。」（見圖 7-2）

莊子教授依然在不停地講述著自己的「道」，這讓顧夢萍對於「道」的理解又向前推進了一些。與老子教授的「道」相比，莊子教授的「道」將人等同於物，強調了世間萬物的一致性。同時雖然兩位教授的「道」都是在追求一種「自由之境」，但相比於老子教授所追求的純真質樸的本性之道，顧夢萍更加喜歡莊子教授所提倡的絕對自由的超脫之道。

第二節　是誰在主宰星月運行？

「天其運乎？地其處乎？日月其爭於所乎？孰主張是？孰維綱是？孰居無事推而行是？意者其有機緘而不得已乎？意者其運轉而不能自止邪？雲者為雨乎？雨者為雲乎？孰隆施是？孰居無事淫樂而勸是？風起北方，一西一東，有上徬徨。孰噓吸是？孰居無事而披拂是？敢問何故？」

「天地運行，日月交替，是誰在主宰者這些現象？又是誰在維持著這些現象？這些現象難道不能透過什麼主宰的機關去停止嗎？還是說它們是自行運轉而停不下來呢？」

「烏雲是雨水蒸騰形成的呢？還是雨水是烏雲降落形成的呢？是誰在行雲布雨？是誰促成了這種現象呢？風在天空中來迴游動，是誰吐氣或吸氣造成了雲彩飄動的景象？還是誰閒居無事而造成這樣的現象？請問這些是什麼原因造成的呢？」

在發出了一系列的疑問之後，莊子教授停了下來。這一連串的疑問讓講堂中的同學們顯得有些茫然不知所措，但對於顧夢萍來說，通讀過《莊子》之後，理解莊子教授的意思卻並不難。

「泰初有無，無有無名。一之所起，有一而未形。物得以生謂之德；未形者有分，且然無間謂之命；留動而生物，物成生理謂之形；形體保神，各有儀則謂之性；性修反德，德至同於初。」

「宇宙源起於無，什麼都沒有也就不存在名稱；混一的狀態就是宇宙的開始，不過混一的時候，萬物還沒有形體。萬物從混一的狀態中產生，這就叫做自得；未形成形體時，稟受的陰陽之氣已經開始有區別了，不過陰陽的交合是這樣吻合，這就叫做天命；陰氣滯留，陽氣運動，才能生成萬物，萬物生成生命的機理，這就叫做形體；形體守護著精神，各有各的軌跡與法則，這就叫做本性。善於修身養性就能返歸自得，自得的程度達到完美的境界，像宇宙剛開始一樣。」

「天地有大美而不言，四時有明法而不議，萬物有成理而不說。聖人者，原天地之美而達萬物之理，是故至人無為，大聖不作，觀於天地之謂也。」

「天地具有偉大的美但是卻無法用語言來形容，四時的運行具有明顯的規律卻沒有辦法去加以評議，世間萬物的變化都有一定的規則卻用不著去加以談論。世間萬物所展現出來的正是『道』。」（見圖 7-3）

萬事萬物的背後自有其運動規律，這種規律就是「道」。

圖 7-3　「道」即規律

「今彼神明至精，與彼百化；物已死生方圓，莫知其根也，扁然而萬物自古以固存。六合為巨，未離其內；秋豪為小，待之成體。天下莫不沈浮，終身不故；陰陽四時運行，各得其序。惛然若亡而存，油然不形而神，萬物畜而不知。此之謂本根，可以觀於天矣。」

「大道神明精妙，參與宇宙萬物的各種變化；萬物業已或死，或生，或方，或圓，卻沒有誰知曉變化的根本，一切都是那麼自然而然地自古以來就自行存在。「六合」算是十分巨大的，卻始終不能超出道的範圍；秋天的毫毛算是最小的，也得仰賴於道方才能成就其細小的形體。」（見圖7-4）

圖7-4　星月變化

「宇宙萬物無時不在發生變化，始終保持著變化的新姿，陰陽與四季不停地運行，各有自身的序列。大道是那麼混沌晦暗彷彿並不存在卻又無處不在，生機盛旺、神妙莫測卻又不留下具體的形象，萬物被它養育卻一點也未覺察。這就稱作本根，可以用它來觀察自然之道了。

「夫昭昭生於冥冥，有倫生於無形，精神生於道，形本生於精，而萬物以形相生。故九竅者胎生，八竅者卵生。其來無跡，其往無崖，無門無房，四達之皇皇也。」

「明亮的東西產生於昏暗，具有形體的東西產生於無形，精神產生於道，形質產生於精微之氣。萬物全都憑藉形體而誕生，所以，具有九個孔竅的動

物是胎生的，具有八個孔竅的動物是卵生的。它的來臨沒有蹤跡，它的離去沒有邊界，不知從哪兒進出，在哪兒停留，通向廣闊無垠的四面八方。」

「邀於此者，四肢強，思慮恂達，耳目聰明。其用心不勞，其應物無方，天不得不高，地不得不廣，日月不得不行，萬物不得不昌，此其道與！」

「遵循這種情況的人，四肢強健，思慮通達，耳目靈敏，運用心思不會勞頓，順應外物不拘定規。天不從它那兒獲得什麼便不會高遠，地不從那兒獲得什麼便不會廣大，太陽和月亮不能從那兒獲得什麼便不會運行，萬物不能從那兒獲得什麼便不會昌盛，這就是道啊！」

莊子教授好像是打開了開關一樣，不停地敘述著自己的觀點，一個觀點銜接著一個觀點，絲毫沒有留給同學們一點思考的時間。雖然莊子教授的解釋非常細緻，但是依然有不少同學對於莊子教授的「道」感到疑惑。

對於莊子教授所講述的內容，雖然顧夢萍也並不是完全能夠消化，但是透過平時的積累，顧夢萍還是對這節課的內容可以訴說一二的。莊子教授認為宇宙的起始是混一的，有生於無，實生於虛，宇宙萬物自身自存，萬物的運行也自有其道理和規律，而在這背後起作用的就是「道」。

第三節　庖丁解牛時在想些什麼？

「庖丁為文惠君解牛，手之所觸，肩之所倚，足之所履，膝之所踦，砉然向然，奏刀騞然，莫不中音。合於《桑林》之舞，乃中《經首》之會。」

在講述完自然萬物的運行之道後，莊子教授這一節課似乎要開始講故事了。雖然只是一段文言文，但講堂之中的同學卻已經知道了莊子教授想要講述的內容。

第七章　莊子教授講「無為」

　　「庖丁是一位非常出色的解牛高手，雖然很多人都知道他的技藝高超，但卻很少有人知道他在解牛之時想的是什麼。可能大家都聽到過庖丁解牛這個故事，但其中所蘊含的道理，可能大多數人都是不知道的。所以在這節課中，我來為大家詳細解釋一下庖丁解牛的全過程，而在座各位應該關注的則是庖丁在解牛之時的心中所想。」

　　「庖丁在給梁惠王宰牛時，手接觸到的地方，肩膀倚靠的地方，腳踩的地方，膝蓋頂的地方，都嘩嘩作響，刀子進進出出也發出豁豁的聲音，不僅合乎《桑林》舞樂的節拍，同時也合乎《經首》樂曲的節奏。庖丁高超的解牛技術讓梁惠王驚訝不已，急切地向庖丁詢問原因。」（見圖 7-5）

圖 7-5　庖丁解牛

　　「庖丁放下手中的刀，開始向梁惠王解釋自己解牛技術高超的原因。不可否認，庖丁的解牛技術是來源於多年的積累，但實際上，庖丁解牛時所使用到的能力已經不能用技術來解釋了。」

　　「庖丁在最初學習解牛時，眼睛裡面看到的是一隻完整的牛。每一頭牛在

庖丁的眼中都顯得碩大無比，這讓庖丁根本不知道從哪裡下手。但隨著不斷地學習和領悟，經過了三年時間，庖丁再次面對牛的時候，眼中已經看不到完整的牛了，這要怎麼理解呢？」

「在庖丁看來，眼前存在的只是一個牛的虛像。甚至很多時候，庖丁在解牛時，根本不會用眼睛去看，而是用精神去與身邊的牛進行接觸。這時的庖丁只有精神在活動，感官已經停止了活動。那麼要如何去準確地入刀和抽刀呢？庖丁給出的答案是依照牛在生理上的天然結構。」

「依照牛的生理上的天然結構，砍入牛體筋骨相接的縫隙，順著骨節間的空處進刀，依照牛體本來的構造，使用這種方式解牛，並不會讓刀碰到筋脈經絡相連的地方和筋骨結合的地方，牛的大骨部分更加無法碰到了。」

「在庖丁看來，技術好的廚師基本上每一年會更換一把刀，那是因為在解牛時，用刀割斷筋肉割壞的。而技術一般的廚師則需要每月更換一把刀，那是由於需要砍斷骨頭而將刀砍壞的。但庖丁的刀已經用了十九年的時間，這把刀分解了上千頭牛，但是刀刃仍然鋒利得像是剛在磨刀石上磨好的一樣。」

「因為庖丁的刀刃很薄很鋒利，所以當牛的骨節有間隙時，就會很容易用很薄的刀刃插入其中，然後輕鬆地在裡面運轉。這也是為什麼庖丁的刀使用了十九年仍然能夠那麼新的原因。當然，並不是每一處牛的骨節都會留有縫隙，在解牛的過程中也會出現十分難以下手的情況。」

「在碰到有筋骨交錯聚結的地方時，庖丁會小心翼翼地提高警覺，將自己的注意力集中到一點上，然後動作緩慢，動起刀來也是十分輕巧，這樣便會很輕鬆地將牛的骨頭和肉一下子解開。在面對這種局面時，相比於猛力動刀，妄圖使用蠻力將牛的骨頭和肉分離開來，尋找到骨與肉的結合點，順勢

第七章　莊子教授講「無為」

動刀會更為輕鬆一些，這樣牛的骨頭和肉就會如泥沙一般散落在地上。」

「對於庖丁來說，在解牛時與其說是依靠於高超的技術，倒不如說是依靠『道』。了解牛的身體構造，順著牛的生理結構，這樣才能輕而易舉地分解一頭牛。」（見圖 7-6）

四季交替有規律，「解牛」同樣有規律。

圖 7-6　「解牛」規律

「庖丁解牛的故事講完了，大家在這個故事之中是否領悟到了什麼方法和道理呢？」看著已經昏昏欲睡的同學們，莊子教授提出了自己的問題。對於庖丁解牛的故事，講堂之中的同學都聽說過，但大家從中悟出的道理是否和莊子教授要講的道理一致，就不得而知了。

「庖丁解牛的故事告訴我們在做事時要抓住事物運行發展的規律，世間萬物皆有自己的規律。天地有其運行的規律，四季有其交替的規律，而解牛的規律就是要順應牛的生理構造，所以規律並不只是存在於自然現象之中，由此推之，世間萬物都有其規律所在。」

「另一方面，我們從庖丁解牛的故事之中學習到，即使按照事物的規律去行事，也依然會遇到一些阻礙和矛盾。在面對這些阻礙的時候，一味地向前衝可能並不會取得好的效果，這時，選擇一種更為巧妙的方法突破障礙才是一種正確的選擇。」

顧夢萍如連珠炮一般回答著莊子教授的問題，她的回答完全展示出了一種想要終結討論的氣勢，講堂中的同學也紛紛側目圍觀顧夢萍如表演一般的回答。

「這位同學很好地表達出了自己的看法。但是其中還是存在著一點美中不足的地方，這一點美中不足就由我來補充吧。」

「在庖丁解牛這個故事之中，我更多的想要表達的是一種對於道的理解。在這個故事之中，庖丁的技和道可以說是完美地結合在了一起，而庖丁和牛之間也依靠精神相互聯結。這便達到了一種人與自然，以及人與宇宙萬物的統一，而這種統一，更多的則是一種『道』的表現。這正是那位同學沒有提到的一點，結合這一點，大家對於這個故事就更好理解了。」

可能是由於沒有成功終結這個問題，坐下來的顧夢萍瞬間沒有了答題之前的氣勢。這種狀態一直持續到了莊子教授的課程結束。

第四節　爭論對錯，不必拚個你死我活

「夫言非吹也，言者有言。其所言者特未定也。果有言邪？其未嘗有言邪？其以為異於鷇音，亦有辯乎？其無辯乎？」

「在我們身邊總是有一些善於辯論的人，他們自認為自己口中的都是世間真理。大多時候我們也會被他們的言語所影響，但仔細想想，他們的言談真的有意義嗎？」

「道惡乎隱而有真偽？言惡乎隱而有是非？道惡乎往而不存？言惡乎存而不可？道隱於小成，言隱於榮華。故有儒墨之是非，以是其所非而非其所是。欲是其所非而非其所是，則莫若以明。」

「大道是怎麼隱匿起來而有了真和假呢？言論是怎麼隱匿起來而有了是與非呢？大道怎麼會出現而又不復存在？言論又怎麼存在而又不宜認可？」

「大道是被小小的成功所隱蔽，言論則被浮華的辭藻所掩蓋。這也就有了

第七章　莊子教授講「無為」

儒家和墨家之間的是非之辯，肯定對方所否定的東西而否定對方所肯定的東西。但在我看來，想要肯定對方所否定的東西而非難對方所肯定的東西，那麼不如用事物的本然去加以觀察而求得明鑒。」

「在這裡我有一個疑問想要問問大家，我們究竟是如何去辨別是非對錯的呢？」莊子教授突然停下了自己的長篇大論，轉而向講堂中的同學們提出了問題。

「我們是依靠什麼來判斷是非對錯的呢？」只有在仔細思考這個問題時，大家才發現對於是非對錯，我們並沒有一個判斷的標準。但在我們的生活中，確實存在是非對錯，那麼這種是非對錯究竟是怎麼來的呢？

這個問題讓顧夢萍陷入了一種更深的思考之中，讀書是正確的，學習是正確的，但在讀書之中，也有讀好書和讀壞書的區分，那麼好書和壞書又是如何區分的呢？好書的內容健康，壞書的內容不健康嗎？那麼健康與不健康的標準又是什麼？對身體好是健康，對身體不好是不健康？這樣看來，似乎又回到了好與壞的層面之上。那麼究竟這種好和壞又是從哪裡來的？

顧夢萍的疑問也是在座同學的疑問，沒有人能夠回答莊子教授的問題。大家只能保持沉默，甚至在講堂之中，連一點議論的聲音都沒有。看到沒有同學能夠回答這一問題，莊子教授只得自己繼續講下去。

「想要解決上面我提出的問題，首先我們需要了解一些其他的東西。」

「在我看來，各種事物無不存在它自身對立的那一面，各種事物也無不存在它自身對立的這一面。從事物相對立的那一面看便看不見這一面，從事物相對立的這一面看就能有所認識和了解。」

舊的不去，新的不來，舊事物的分解也是新事物的形成。

圖 7-7　舊的不去，新的不來

「所以說，事物的那一面出自事物的這一面，事物的這一面亦起因於事物的那一面。事物對立的兩個方面是相互並存、相互依賴的。既然如此，那麼剛剛產生隨即便是死亡，剛剛死亡隨即便會復生；剛剛肯定隨即就是否定，剛剛否定隨即又予以肯定；依託正確的一面同時也就遵循了謬誤的一面，依託謬誤的一面同時也就遵循了正確的一面。」（見圖 7-7）

「因此聖人不走劃分正誤是非的道路而是觀察比照事物的本然，也就是順著事物自身的情態。事物的這一面也就是事物的那一面，事物的那一面也就是事物的這一面。事物的那一面同樣存在是與非，事物的這一面也同樣存在正與誤。」

「事物的這一面和事物的那一面都存在是非正誤，所以大多時候，人們在選擇正確的一面的同時，其實也是選擇了錯誤的一面。而選擇錯誤的一面時，往往也選擇了正確的一面。那麼，對於這個問題，我們是否可以從另一個角度去理解呢？」

「事物果真存在彼此兩個方面嗎？事物果真不存在彼此兩個方面的區分嗎？」

「在我看來，彼此兩個方面都沒有其對立的一面，這就是大道的樞紐。抓住了大道的樞紐也就抓住了事物發展的要害，從而順應事物無窮無盡的變化。」

第七章　莊子教授講「無為」

「用白馬來說明白馬不是馬，不如用非馬來說明白馬不是馬。也就是說，用組成事物的要素來說明要素不是事物本身，不如用非事物的要素來說明事物的要素並非事物本身；整個自然界不論存在多少要素，但作為要素而言卻是一樣的，各種事物不論存在多少具體物象，但作為具體物象而言也都是一樣的。」

「道路是行走而成的，事物是人們稱謂而就的。怎樣才算是正確呢？正確在於其本身就是正確的。怎樣才算是不正確呢？不正確在於其本身就是不正確的。怎樣才能認可呢？能認可在於其自身就是能認可的。怎樣才不能認可呢？不能認可在於其本身就是不能認可的。事物原本就有正確的一面，事物原本就有能認可的一面，沒有什麼事物不存在正確的一面，也沒有什麼事物不存在能認可的一面。」

「舊事物的分解，亦即新事物的形成，新事物的形成亦即舊事物的毀滅。所有事物並無形成與毀滅的區別，這是相通而渾一的特點。只有通達的人方才知曉事物相通而渾一的道理，因此不用固執地對事物做出這樣或那樣的解釋，而應把自己的觀點寄託於平常的事理之中。

「而所謂平常的事理就是無用而有用，認識事物無用就是有用，這就算是通達。通達的人才是真正了解事物常理的人，恰如其分地了解事物常理也就接近於大道。」

「這裡有一個『朝三暮四』的故事，可以很好地說明上面的道理。」

「有一個養猴人給猴子們分食物，早上分三升，晚上分四升，猴子們聽到這個方案之後感到很憤怒。為了化解猴子們的憤怒，養猴人決定改為早上四升，晚上三升，果然猴子聽後都高興了起來。」

　　「大家可以看到，猴子得到的食物並沒有增多和減少，但猴子的喜怒卻有了不同的變化。正因為這樣的道理，古代的聖人往往會把是與非混同起來，悠然自得的生活在自然而又均衡的境界之中，這就是這節課我所要講的內容，即萬物齊一，是非對錯皆存在於一事物之中，所以我們應該追求物與我各得其所、自行發展。」

第七章　莊子教授講「無為」

第八章

奧思定教授講「美學」

第八章　奧思定教授講「美學」

　　本章主要介紹了哲學家奧思定（Augustine of Hippo）的美學思想，在奧思定的美學思想之中，上帝處於至高無上的地位。他關於美與醜的觀點也具有很強的現實意義。讀者可以從現實情境中出發，結合奧思定的美學思想，更好地認識生活、認識世界。

　　奧思定是古羅馬帝國時期天主教思想家，歐洲中世紀基督教神學、教父哲學的重要代表人物。在羅馬天主教系統，他被封為聖人和聖師，並且是奧思定會（Order of St. Augustine）的發起人。

第一節　上帝是最美的

　　「看到在座如此多的同學們，我真是十分高興，一方面是因為同學們來聽我的課；另一方面也是為大家這種求學的態度感到高興。在我的一生之中，經歷了太多，也錯過了太多，我的人生能夠獲得圓滿，完全是上帝帶給我的力量啊。」

這樣的開場白對於顧夢萍來說是第一次，可能並不會是最後一次。很顯然，這位教授一定是一位虔誠的上帝追隨者，但具體他是如何看待上帝的，是否會和前面的其他教授一樣，顧夢萍並沒有頭緒。但從這段開場白來看，這位教授應該會傾盡全力地對上帝讚美一番吧。

「在今天的課程中，我要為大家講述的是『美』，也就是有關與美的本體問題，同時也會涉及一些與美相關的問題。對於『美』這個問題，大家應該都是比較關注的，那麼我們從一個問題來開始本節課的內容，在大家看來究竟誰可以稱得上是最美的呢？」

顧夢萍搞不清楚為什麼教授會提出這種既沒有正確答案，又讓人不知如何回答的問題。隨便說一個人最美，但還需要找出一定的理由，究竟什麼理由又能夠支撐起「美」這件事情呢？顧夢萍完全沒有頭緒。難不成要說自己最美嗎？這樣一來似乎連理由都不用說，便會引得大家哄堂大笑吧。

現場的狀況也正反映了顧夢萍的疑慮，雖然在座的同學們議論紛紛，但是卻並沒有同學敢於真正站起來回答問題。也難怪，大多數同學也都認為這個問題並沒有一個正確答案，而且似乎說出哪一個答案來，都沒有絕對的理由來做支撐。

「看樣子在座的同學們並沒有討論出一個明確的答案來啊，那麼下面就由我來為大家揭曉這個答案吧。首先，在回答這個問題之前，我們首先要仔細思考這個問題的關鍵點。很明顯，在這個問題之中，『最』是一個十分關鍵的字眼。如果說什麼樣的人稱得上美，那麼大家可能會說出很多人，也會給出不同的理由，而我們並不需要去比較這些理由之間的輕重等級，因為只要這些理由是正確的，那麼便可以支撐起這個人是美的這個論點。」

「但是，我這裡所提到的卻是『最美』，這樣一來情況就截然不同了。我

第八章　奧思定教授講「美學」

們用來支撐這個人美的理由，卻並不一定能夠支撐起來這個人是『最美』的
這個論斷。因為我們需要去對比眾多的理由，將這些理由分成不同的等級，
這也正是將這些人的『美』分成不同的等級。分成等級之後，我們便能夠清
楚地看出誰的美是在上一等級，而誰的美又是在下一等級。」

「關於美的等級的問題，我們放在下一節課之中再進行詳細論述。而在這
裡我們繼續來分析這個『最美』的問題。其實當我在回憶自己曾經完成的作
品時，我發現自己犯了一個非常嚴重的錯誤，而正是這個錯誤，讓我在很長
的一段時間之中，都沒有辦法解決這個『最美』的問題。但是現在，我已經
完全解決了這個問題。」

「之前我在寫作《美與均衡》論文時，我一直在力求從事物的內部去尋找
美，但是隨著我的經歷不斷豐富，我發現，事實上，美應該來源於事物的外
部。之前的我一直認為，如果我能夠說明事
物為什麼是美的，那麼我就一定能夠找到最
美的事物。但經過了諸多的努力之後，我發
現這種工作是並沒有多大的意義的。」

「現在我想到了另外的一種方法，能夠
引領著我找到那個最美的事物。所以我從研
究『事物為什麼是美的』的工作中，轉移到
了『事物的美是來自哪裡』的工作之上。找
到了美的源頭的話，不就是找到了『最美』
的存在嗎？難道那些模仿而來的『美』，還
會比源頭之處的『美』更美嗎？」

上帝在我眼裡是最
美，是萬美之美，是最
高等級的美。

圖 8-1　上帝是最高等級的美

「在改變了研究方向之後，我很快便發現了『美』的源頭所在，而在我看來它也正是『最美』的存在。前面我們提到了美是存在等級的，而處於這最高等級上的美，就是美的源頭，也就是上帝。上帝是萬美之美，也是最高等級的美，世間的萬物都是模仿著上帝的美才變美的，但相比起來，上帝的美才是唯一的和真正的美。」（見圖 8-1）

「為此，我不得不為上帝所頌歌：是祢，主，創造了天地。祢是美，因為它們是美麗的。祢是善，因為它們是好的。祢實在，因為它們存在。但是它們的善、美、存在，卻並不和創造者一樣。相比之下它們並不美，並不善，也並不存在。而天主是美善的，天主的美善遠遠超越受造之物。美善的天主創造了美善的事物，是天主在包容和充塞著受造之物。」

「作為人類或是其他事物是很難接近上帝的美的，人類必須要擺脫自身慾望的束縛，從而全身心地崇拜和熱愛上帝。將自己的靈魂交予上帝，這樣才能夠受到上帝的愛護，也才能夠真正地認識到上帝的美。人類可以一步步接近上帝的美，卻絕無可能超越上帝的美。」（見圖 8-2）

「而對於我們個人來說，上帝又在哪裡呢？在我看來，一個真正崇敬上帝、熱愛上帝的人，其心靈將會歸於上帝，而上帝則會展現在他／她的情感之中。簡單來說，上帝存在於純淨的心靈之中，而上帝的美也一同存在於其中。」

圖 8-2　上帝最美

第八章　奧思定教授講「美學」

第二節　美有等級，但不是三六九等

「在前面的課程之中，我們談論了上帝是萬美之美這個問題，同時也提及了美的等級問題。在這節課之中，我們就來分析一下美所具有的幾個不同的等級。」

「對於這一點，在這裡需要首先為大家講清的是，我在這裡所說的美的等級，可並不是大家所想像的將美分成為三、六、九等幾個不同的等級。當然劃分美的標準也不會像大家所想的那樣，從五官、身材、神態等方面去劃分等級。」

「在我看來，從人類的角度出發，美的形式似乎是多種多樣的。有事物的美、形體的美、靈魂的美、感性的美，可以說在我們生活的世界上，存在千姿百態、五顏六色的美。當然，如前面所說，這些美都是來自上帝的創造。」

「相比於等級，我覺得用梯級來形容不同的美可能是更加合適的。上帝作為萬美之美，自然是在最高的梯級之上。而在上帝之下的一個梯級，則應該是精神美。精神美並不是一個單一的概念，它也包括多種不同的美的形式，其中道德美和藝術美是兩個較為主要的內容。」

「除了道德美和藝術美之外，心靈美是精神美之中的一個重要組成部分。心靈美是由現實和行為所組成的，而這裡的思想應該是一種

心靈美才是真的美。

圖 8-3　心靈美

遵守教條規定的思想，而行為則必須是符合道德規範的行為。高尚的道德會使心靈變得更加美麗，而不好的惡習則會讓心靈變得異常醜陋。遵守教規是一種心靈美，也正是這一點人才變成美的，即使這個人是個身材佝僂醜陋的人，他也往往會因此而變成美的。」（見圖8-3）

「在精神美之中，我們會發現人類和動物之間存在些許的不同之處。相比與夜鶯的歌聲，人類的歌聲似乎要更美一些，這是因為，人類的歌聲除了基本的音調之外，其中還表達了一些精神層面上的內容。這是人類精神美的一個重要表現。」

「至於物質美，我將其放於精神美的梯級之下。因為相較於精神美，物質美是一種短暫的、相對的美。物質美作為上帝的創造，雖然無法達到上帝美的那種程度，但是卻是上帝美的折射和指向上帝美的一種符號，可以說在一定程度上，它是反映了上帝的美。」

「而物質美的價值則在於，可感美作為我們可以直接認識的唯一的美，是我們對美進行全面思考的一個出發點。因為我們可以看見、可以感覺到這種美，所以我們可以由此出發去認識和思考其他的美。物質美同時也是精神美的一種映像，一切具有自然的美的事物，都是在頌揚著上帝的神仙和信仰的奇蹟。因為是上帝創造了它們，並將美賦予了它們。」

「我們說到美的形式，就必須要提到『整一』這個概念。整一是對於美的形式的內在規定，可以說是美的形式的本質。從字面上理解，整一就是一個完整的有機整體，而既然整一是美的形式的本質，那麼孤立的部分便不能夠產生美。」「沒有哪種事物完全沒有整一性，當然也沒有哪種事物具有完美的整一性，完美的整一性只屬於上帝自身。我們並不需要過多地去留意便會發現，沒有任何形式、任何形體完美的整一的某種痕跡，而由於所有形體，

甚至最美的形體，其各部分都必定以一定的間隔排列於空間，處於不同的位置，因而難以達到它所尋求的整一性。」（見圖 8-4）

上帝之美

精神美

物質美

圖 8-4　美的等級

　　「對於在座的各位而言，了解這種階梯性的美的分布是十分必要的。相比於最高一層的上帝美，最低一級的美則是一種形同散沙的外在美，也就是平常大家更多關注的那種美。在了解了美的階梯分布之後，大家應該明白，雖然想要達到上帝的美，是幾乎沒有可能的，但是達到精神美的階梯應該是每一個人所追求的目標。」

第三節　「醜人」是怎麼出現的？

　　「我們已經花費了兩節課的時間來談論美的問題，相信大家對於美也有了一定的了解。所以在下面的課程之中，我們換一個角度，來談一談『醜』是如何產生的。當然，在談『醜』這件事情之前，我們仍然需要再回顧一下前面講到過的有關於美的問題。」

　　「在前面我們提到，上帝是萬美之美，是美的唯一本源，而世間的尺度、形式等所有的美都來自上帝。所有或大或小的善的特性都來自我們天主教徒所崇拜的上帝。從上帝產生了所有大大小小的尺度，所有大大小小的形式，以及所有大大小小的秩序。上帝超乎所有創造物的尺度、形式、秩序之上，

也超乎空間之上，是一種不可言說的獨一力量，所有的尺度、形式和秩序都由他而產生。」

「正因如此，所以像世間所有的藝術法則、審美法則也都來自上帝。既然同樣都是上帝創造出來的事物，那麼又怎麼會出現『醜』的說法呢？作為萬美之美的上帝，又怎麼會創造出『醜』的事物呢？思考這個問題，同學們可以結合著第二節課之中講到的美的等級來嘗試著回答一下。」

本以為奧思定教授會自顧自地講下去，沒想到這一次竟然向臺下的同學們拋出了一個問題。從現場的反應來看，大家應該與顧夢萍有著同樣的想法。從奧思定教授的提示之中，顧夢萍對於這個問題似乎有了一點眉目。

「因為美存在著不同的等級，所以我們也可以理解為不同的事物，其美的程度是有所不同的。那些高層級的美相對於低層級的美在程度上，會顯得更美一些。而相反，那些低層級的美相對於高層級的美，則會顯得並不美麗，而這種並不美麗，則可以理解為『醜』了。所以在我看來，『醜』也是一種美，但這種美相對於其他的美來說，在程度上會更低一些。」（見圖8-5）

顧夢萍本想用一句「沒有比較就沒有傷害」來回答這一問題，但在如此重大的場合，面對如此多的人，顧夢萍還是保持著一臉嚴肅的姿態回答完了問題。雖然遲遲沒有開口，但是從奧思定教授的表情來看，對於顧夢萍的這個答案，他似乎顯得十分滿意。

你本來就很美，經過對比之後就變醜了，但實際上你依然很美。

圖 8-5　美和醜

第八章　奧思定教授講「美學」

等待了一段時間後，看到沒有同學繼續回答問題，奧思定教授又開始了自己的講述。

「前面這個同學回答得非常好。在我看來，當一個事物的尺度、形式和秩序搭配得非常合乎比例時，其必然會展現出一種較高層次的美。而當一個事物的尺度、形式和秩序之間搭配的比較差時，雖然在某些程度上也是合乎一定比例的，但其所展現出的卻只能是一種較低層次的美。所以我們可以得出一個結論：事物之間尺度、形式和秩序搭配得越好，事物就越美；搭配得越不好，這種美的程度也就越低；當失去了這種必有的搭配時，事物也就不美了。」

「那麼因此，『醜』也就出現了，可以說『醜』的存在是一種不爭的事實。因為存在不同程度的美，所以也存在不同程度的醜，而我們則可以將醜理解為一種程度較低的美。在這裡，對於醜這個問題，有幾點內容是我比較想要和同學們分享的。」

「首先，在我看來，『醜』並不是事物的本性，它更多地來自一種意志的曲解。其中『本性』是上帝所賦予的，毋庸置疑這必然是美善的。而『意志』則是一種人類所獨有的特性。那麼具體而言，這個『意志』又是怎樣一種能力呢？」

「我認為它更像是一種整合能力，事物具有某種尺度，視像因之得以複製，但視像自身是數。意志規範整合這些事物，把它們組合成統一體。意志所欲求的不只是知覺或構思，還有視像由之形成的那些東西，像重量。這樣經由事先預期，我就能注意到三樣東西：尺度、數、重量，這在所有事物上都能見到。與此同時，我向我能夠告知的人盡我所能地總結：意志就是可見事物和視像的整合者。」

「在我看來，當意志放棄了其上的事物，而去追求比其更低層級的事物時，就變成了有害的了。我們可以說這種意志是由於自身惡劣而無度地欲求一個低層次的事物才會變壞的。所以說醜與美並沒有本質上的區別，只不過，美是客觀存在的，而醜則是主觀的。」

「而第二方面，就是前面提到的，從整體的角度來看的話，醜只不過是相比之下的一種程度較低的美。上帝創造的萬物都是美的，但在不同的事物之間，這種美的程度是不同的。正是因為認識到了這一點，所以我不再去希求更加美好的事物了，在考慮到整體之後，我有了一個更好的判斷，我認識到在上的事物要優於在下的事物，而整體則又勝於在上的事物。」

「在比較所有的事物時，同較好的事物相比較時，稍遜一籌的事物就被稱為差的。在這裡，我們用人類和猿猴來進行比較，單獨來看，人的形體和猿猴的形體都是美的。可一旦將兩者進行比較，就會發現猿猴的美可能要稍遜一籌，或者說是變成了一種『醜』了。」（見圖 8-6）

圖 8-6　醜是比較出來的

第八章　奧思定教授講「美學」

「看到上面的例子，可能大多數人都會產生『人的形體是美的，而猿猴的形體是醜的』這種想法。但實際上，從身體的特性上來看，兩者是完全等同的，無論是從功能上，還是協調配合上，可以說是沒有太大區別的。」

「而上面我所說的例子並不只是發生在人類和猿猴的比較之中，在人類與人類的比較之中也是時常出現的。當一個人被看作『醜人』的時候，並不一定是因為其在形體上存在不足之處，而更多是因為有一個更美的形體做比較的緣故。雖然很多人不願意承認這一點，但事實上這種現象確實是存在的。」

「總而言之，在上帝創造的美的世界之中，萬物無一例外都必然充滿了美，真正的醜是不存在的。所以對於在座的各位來說，我們只要去追尋美就好了，當我們一心去追求精神上的美時，醜便顯得無足輕重了。」

「當我們在判斷美醜時，相比於用眼睛去觀看，不如用精神去評判，精神是一種更為高級的知覺。透過這種知覺，我們將會認識到哪樣事物是公正的，哪樣事物是不公正的，『正義』作為一種精神的美，是只能依靠精神去感知和發現的。在我看來，真正讓一個人美麗的，正是『正義』這種精神的美。」

第九章

笛卡兒教授講「懷疑」

第九章　笛卡兒教授講「懷疑」

　　本章主要介紹了哲學家笛卡兒的哲學思想，「我思故我在」是笛卡兒的重要思想，在笛卡兒的哲學體系之中，懷疑論是至關重要的一個環節。本章並沒有將內容完全集中在懷疑論上，而是更加廣泛地展示了笛卡兒的哲學思想。在閱讀過程中，讀者可以更好更全面地掌握笛卡兒的思想。

　　笛卡兒是法國著名的哲學家、物理學家、數學家、神學家，堪稱十七世紀的歐洲哲學界和科學界最有影響的巨匠之一，被譽為「近代科學的始祖」。他的哲學思想深深影響了之後的幾代歐洲人，開拓了所謂「歐陸理性主義」哲學。笛卡兒自成體系，融唯物主義與唯心主義於一體，在哲學史上產生了深遠的影響。

第一節　完美從何而來？

　　顧夢萍和同學們已經在講堂之中坐了半個小時，這周的講課教授卻依然

沒有出現，看樣子這周的教授應該比莊子教授還要灑脫。時間一分一秒地過去了，同學們的耐心也一點一點被消磨殆盡。

不知過去了多長時間，一位身著黑衣、形容消瘦的男子從幕布之後走向臺前。顯然這位教授並不如顧夢萍所想的那樣灑脫，他的身體看上去甚至有些虛弱。

「我認為人類應該使用理性去進行哲學思考，我是一個理性主義者，我相信理性要比感官的感受更加可靠。」

「在來這裡的路上，我遇見一位同樣是研究哲學的先生。他向我形容自己曾經做夢變成了一隻蝴蝶，而在夢中，他完全忘記了自己是誰，也分不清自己究竟是人還是蝴蝶。他以為自己當時是在真實的世界之中，但實際上，他只是處在一種幻覺之中。」

「所以說，我們不能相信自己的感官，而是要不斷地懷疑，在懷疑之中去尋找什麼是存在的。關於懷疑的問題，我們留在後面的課程之中，再去進行講解。現在讓我們來談談『完美』的問題。」

「很多人都在追求『完美』，但大多數時候，他們所追求到的卻並不是完美。『完美』究竟應該是一個怎樣的形象？大家是否考慮過這個問題。」

仔細想來，「完美」這個概念是自己在什麼時候，從誰那裡聽來的呢？顧夢萍對於這個問題絲毫沒有頭緒，或者說在此之前，「完美」對於顧夢萍來說似乎始終都沒有成為一個問題。在大多數時候，「完美」只是人們口中的一種美好的說法，而這種說法基本上並沒有在顧夢萍的生活之中出現過。

「在我看來，要說『完美』就必須要有一個完美的實體，沒有完美的實體，就不會有完美的概念。」在同學們議論之時，臺上的教授說出了自己

第九章　笛卡兒教授講「懷疑」

的觀點。

　　當聽到這句話時，顧夢萍想到了自己和自己的名字。「顧夢萍」這個名字是怎麼來的？顧夢萍心想這是自己降生之時，父親為自己選擇的名字。那麼如果沒有顧夢萍這個人，「顧夢萍」這個名字會存在嗎？如果當時出生的並不是自己，那麼現在便可能不會存在「顧夢萍」這個名字了。而臺上的教授所說的「完美」，看上去也正是如此。

　　「如果一個完美的實體不存在，那麼這個世界便不會存在『完美』。大家都知道，我們自身是並不完美的，所以『完美』這個概念是不可能來自我們自身。所以一定有一個完美的實體存在，而『完美』的概念正是來源於它。在我看來，這個完美的實體就是上帝。」

　　「首先，我們的心靈發現了許多不同的觀念，其中一個代表全知的、全能的、絕對完美的存在之物。在我看來，在這種觀念之中不僅有一種可能的、偶然的存在，而且有一種絕對必然的、永恆的存在。」

　　「正如我所看到的，三角形的觀念中必然含有三內角之和等於二直角的情形，因此我絕對相信，在一個三角形內，三內角之和等於二直角，同樣，由於我看到必然的、永恆的存在蘊含在絕對完美之物的觀念中，因此我清楚地下結論說，此絕對完美之物是存在的。而這個絕對完美之物便是上帝。」

如果有哪種事物是十全十美的，那在我看來，就只有上帝了。

圖 9-1　上帝是十全十美的

「其次，由於我們發現我們心裡有上帝的觀念，因此我們能夠探究產生這個觀念的原因。當我們考慮到他所擁有的無限量的完美之後，我們必須承認他是生於一個十全十美之物，亦即一個真實存在的上帝。」（見圖 9-1）

「一方面，自然之光明白顯示出，空無不能作為任何東西的原因，並且較完美之物不能出於較不完美之物。另一方面，如果在我們之內，或在我們之外，沒有一個原始之物，它包含了一切美善，那麼我們便不可能具有任何事物的觀念。但是，無論在什麼方式下，我們沒有觀念所表示的那一切絕對完善，因此我們必須下結論說，它們存在於跟我們的本性不同的本性之中，亦即存在於上帝之內。」

「最後，我們不是我們自身的原因，上帝才是我們的原因，所以上帝存在。當我們擁有一部顯示高度技巧的機器的概念時，我們相當清楚地知道，我們是以什麼方式獲得了此種知識。但由於上帝始終存在於我們的心中，所以，我們並不知道上帝是在什麼時候將自己的觀念傳遞給我們的。」

「自然之光會使我們清楚地看到，凡認識比他自己更完美的東西的，不能是他存在的創造者。因為那樣的話，他必會將他知道的一切美善賦予他自己。因此，他的存在不能來自別的東西，只能來自擁有這一切美善者，亦即來自上帝。」

「如果我們具有自我保存的能力，那我們必能賦予自己一切美善，然而我們不能賦予自己一切美善，所以我沒有自我保存的能力。因此必須有另外的原因來保存我們，使我們繼續存在。而這個原因不能是別的，只能是上帝，他有能力保存我，也有能力保護他自己，並賦予他自己一切美善。」

「所以，上帝即是絕對完美之物，他能夠保存自己，同時能夠賦予我們一切美善。而他作為一個完美的實體存在，我們的『完美』正是來源於上帝的

第九章　笛卡兒教授講「懷疑」

賦予。」

　　仔細聽下來，顧夢萍發現這位教授的思路的確是很具有邏輯性，難不成這位教授學習過數學嗎？但事實上，我們生於父母，並不是上帝所創造的。再向上追溯，我們也只能尋找到猿人祖先。如果在東方的話，也是女媧創造了人類啊，那是不是說女媧也是一切美善的擁有者，是她的一口仙氣為我們注入了世間的美善。

　　雖然顧夢萍知道不同的時代背景之下，哲學家們的思想理論也會有所不同，但她依然不能控制住自己紛飛的思緒，彷彿真的要探尋出「完美」的真正來源不可。

第二節　每個人心中都有一個上帝

　　「在談完了『完美』之後，接下來我們談一談觀念。我有一個觀念的重要理論，叫做『天賦觀念』，在這裡和大家分享一下。」

　　「在講解這 ·『天賦觀念』之前，對於『觀念是什麼』這個問題，大家是怎麼認識的？」笛卡兒教授在講解自己的理論之前，難得的首先選擇讓學生回答問題。

　　「我認為在大多數情況下，觀念可以等同於看法，如果說我們對於一個事物產生觀念時，也可以說成是我們對於一個事物產生了看法。」坐在講堂角落的一個男同學首先搶到了回答問題的機會，而在顧夢萍看來，他的答案似乎也並沒有問題。

　　「我也同意前面同學的答案，觀念在很多情況下確實可以等同於看法。但觀念更多表現的是外在的客觀事物在我們頭腦之中留下的一種概括的形象，

我們看到了外界的事物，然後才能夠在頭腦之中形成一種觀念。這個觀念正是關於這個事物的，也可以說是我們對於這個事物形成的一個看法。」

另一個男同學顯示出了一種不甘示弱的氣場，很有一種要一口氣解決這個問題的架勢。但從笛卡兒教授的面部表情來看，這位同學的答案似乎並沒有讓笛卡兒教授滿意。還沒等到第三個同學給出自己的答案，笛卡兒教授就迫不及待地開始講解起來。

「在我看來，一般來說，觀念是指一切被思考的東西，而在悟性之中，它們則只是一種客觀存在。那麼『被思考的東西』是什麼呢？它們是思考的對象，同時也是知識的對象。而『一切被思考的東西』就是說，觀念並不只是一個簡單的概念，同時它也可以是一個命題。」

「這要怎麼來理解呢？像太陽、月亮、圓形、三角形，這些是概念。而像『三角形的內角之和等於二直角』，則是一個命題。所以有時候觀念是指悟性的思考行為，有時候又是指被思考的對象。」

「從觀念的來源來看，在我的觀念之中，有些似乎是天生的，有些則是求得的，有些則是由我自己創造的。那些外來的觀念，像是我們一般所擁有的太陽的觀念。那些製造的觀念像是天文學家靠著推理所形成的太陽的觀念。而那些天生的觀念，像是上帝、心靈、物體、三角形，以及一般而言一切表現真實的、不變的、永恆的本質的觀念。」

「前面的同學在回答我的問題時，認為觀念是客觀事物在我們頭腦之中的概括形象。這一點我認為是正確的，但這位同學卻忽視了觀念形成的另一個方面。那就是先天而來的觀念，而這也正是我的『天賦觀念』理論。」

「前面的課程中，我曾提到感官機能的不可靠，在這裡依然是適用的。在

第九章　笛卡兒教授講「懷疑」

我看來，我們的感官機能並不能為我們帶來類似觀念的東西，但是觀念卻是可以在感官所提供的機會上發生在我們心中。」

「所以感官功能在這裡只是提供機會，有了這些機會，我們的內心之中自然而然會產生出與機會相對應的觀念。當然，在我看來，機會顯然是出於上帝的安排，正如『完美』一樣，所以說，觀念的形成實際上也是天賦的。」

「那我們要怎樣去理解這種『天生的』或者『天賦的』呢？這裡我們用上帝的觀念來舉個例子。」

「我不一定思考上帝，但是當我決定思考第一和至高無上的事由，並且從我心靈的倉庫裡把上帝的觀念取出來的時候，我就必須把一切真善美歸之於他。因為上帝的觀念存在於我心中的倉庫之中，是現成的，所以我們可以在使用時拿出來，而在不使用時，仍然將它們放在心中。」

「另外，上帝的觀念已印刻在人類心中，因此沒有一個人不具有認識他的能力。然而這並不阻止許多人終其一生也不能使這個觀念呈現在自己面前。在這裡，上帝的觀念雖然作為一種現成的觀念，但是這並不意味著每個人都能夠認識到這種觀念。」

「每一個人心中至少擁有關於上帝之暗含的觀念，也就是明白認識它的能力，這一點，我毫不懷疑。但是如果他們感覺不出自己擁有它，或者不理會自己擁有它，或者把我的《沉思錄》閱讀了千百遍還是不理會它，我也不會感到吃驚。因為每個人形成觀念的能力是不同的。」

雖然笛卡兒教授在始終不間斷地闡述自己的理論，但是顧夢萍卻並沒有像之前一樣「脫隊」。顧夢萍似乎明白了笛卡兒教授所講的「天賦觀念」，而由此顧夢萍卻有了一種關於這個問題的新的看法。

天生我材必有用，只是等到我們長大之後才能夠用到而已。

圖 9-2　天生我材必有用

「既然在笛卡兒教授看來，有些觀念是先天而來的。那麼是不是說我們在出生的時候，就已經具備了這些觀念，只不過在嬰兒時期並沒有發現，隨著年齡和閱歷的增長，我們將不斷發現自己心中固存的觀念。但是新生的嬰兒擁有觀念嗎？」

「我們可以這樣想，而且似乎很合理。那就是剛剛與嬰兒的肉體結合在一起的心靈，忙於知覺或感覺痛苦、快樂、冷熱的觀念，以及其他類似的觀念，並且完全被它們所占據。這些觀念都是由於它與肉體結合而發生的。雖然如此，他們在心裡仍舊擁有上帝、自我以及一切自明真理的觀念，這正像成年人擁有那些觀念而不去注意它們的時候那樣，他們並非是在長大之後才求得了這些觀念。」（見圖 9-2）

顧夢萍仍然在「咀嚼」著笛卡兒教授關於「天賦觀念」的理論，雖然這一理論存在著很多值得推敲的問題，但是同時，顧夢萍也從中發現了一些值得認可的方面。雖然從現在的科學研究中，我們知道人類的認識並不是先天就有的，但是在我們進行認識的過程中，先天遺傳因素和心理上的因素也會造成重要的作用。

我們在獲取新的知識的時候，往往也需要舊的知識作為鋪墊，在這種層面上來說，以往的知識和認識就可以被看作一種先天的知識、天賦的知識。而隨著科學技術的不斷發展，人類對於自身神經系統的研究也會越發深入，或許在不久的將來，人類真的可以發現自己的「觀念」很多都是遺傳繼承而

來的，是一種先天的、天賦的能力。

第三節　你真的存在於這個世界嗎？

「我是一個喜歡懷疑的人，但是我的懷疑並不是大家現在所理解的懷疑。我去懷疑的目的並不是去否認，更不希望透過懷疑將過去的真理推翻，從而用新的學說去替代。我只是想透過懷疑去保留那些被認為是真理，或是那些無法被懷疑的東西。」

圖 9-3　我思故我在

「我始終使用一種普遍懷疑的方法去面對眼前的世界。我懷疑世界的存在，我們所處的世界難道不是夢中的世界嗎？我們在醒著的時候難道和做夢時有什麼不同嗎？我們現在的狀態究竟是醒著還是在做夢？」（見圖 9-3）

「我也懷疑我們身體的存在。我可以在夢中夢見更加美麗的身體，看上去，夢中的身體要比我現在的身體還要真實。我在夢中同樣能夠感受到自己身體的運動，我可以搖頭，也可以踢腿，這些活動難道不是真的嗎？還是說這些都是假的，而我們自己把它們當成了真的呢？」

「我還懷疑神的存在。神究竟是否真的存在於世界之上，這對於我們普通人來說似乎並沒有多大的意義。但是我所講的普遍懷疑就是要對所有的一切都產生懷疑，因此我所懷疑的東西也是無所不包的。」

「但在我不斷懷疑的過程中，在我懷疑一切的同時，我發現，這世界上卻有一件事情是我無法懷疑的。我不能懷疑我在懷疑，我不能懷疑我的懷疑的行動。我懷疑，所以我存在，否則的話我將不能去懷疑。」

「我對一切都保持懷疑，但不管我如何去懷疑，整個懷疑的行動已經假定我已存在，不然的話我也絕不會有懷疑的行為，我的存在已經在我的懷疑行動之中被發現了。所以，我將這一發現稱作『我思故我在』。由於我注意到了『我思故我在』這個真理，所以即使是最為荒唐的懷疑的假定，也不能去動搖它。這也使我能夠毫無疑惑地去接受這一真理，從而視它為我所尋找的哲學的第一原則。」

從上課以來，顧夢萍就始終在思索這位教授到底是誰。在西方哲學家之中，相信上帝存在的並不在少數，所以在第一節課之中，顧夢萍並沒有猜出教授的身分。但當這位教授開始講「普遍懷疑」時，顧夢萍便有了一些思路，而當「我思故我在」這句經典的哲學命題出現時，顧夢萍便已經完全弄清了這位教授的身分，這也讓她不得不多看幾眼講臺上這位侃侃而談的笛卡兒教授。

「雖然我始終堅持『普遍懷疑』的方法，但是『我思，我在』是沒有任何方法可以去懷疑的。『我思』是思想的思，我意識到自己在懷疑，而這種意識作為感官是最不可靠的，所以無論我做什麼，還是有肯定，我有意識，而這就是真理。」

「對於意識，『我在』便是意識，它並不是一個獨立的主體，所以我思故我在。簡單來說，我意識到我的意識，我也只認識我的認識，如果我停止了思想，我就不存在了。但是我並不能認為現在我便不存在了，因為現在我在思想，而思想就是存在。」

「上面所說的是我關於『我思故我在』的觀點，下面我們來繼續談一談我的『普遍懷疑』主張。」

「我認為，我們應該把歷來以為真的一切見解通通拋掉，只要是稍有懷

疑的東西也不能輕易去相信。所以我主張懷疑一切，從而在這個過程中找出知識的基礎。前面說過思考是不能夠被懷疑的，所以我們要想獲得知識就必須透過理性的思考。為什麼要理性呢？因為感官給我們的感覺往往是並不可靠的。」

「當我們將一根竹籤插入水中之時，我們會發現，這根竹籤是彎曲的。可是當我們將它放入水中之前，這根竹籤明明是筆直的。如果我們將它從水中再拿出來，仔細看看，這根竹籤確實是筆直的。」

「同樣，當我們在很遠的地方去眺望一座寶塔時，這座寶塔會呈現出一種圓的形狀。但是當我們親自走到它的面前時，我們會發現這座寶塔原來是方形的。那麼究竟是什麼原因導致了這樣的結果呢？答案就在於我們的感覺，在很多時候，它提供給我們的東西往往是並不可靠的。」

「正是因為我們的感官知覺往往是不可靠的，所以由感知知覺所獲得的知識也往往是可以被懷疑的。在我看來，自然科學提供的知識並不是可靠的，因為它們涉及的是現實存在的事物。既然我們不能完全相信我們的感覺，那麼我們就不應該把建立在經驗觀察基礎上的自然科學知識看成是理所當然的。」

「理性告訴我們，沒有什麼東西是不可懷疑的，不管是上帝還是普遍的算術原理。而在另一方面，理性也告訴我們，這個世界上也一定會有某種不可懷疑的東西存在。雖

我是誰？我在哪？我在做什麼？這些問題我們需要用理性去解決。

圖 9-4　用理性解決問題

然這句話看上去有些矛盾，但在我看來，這卻是正確無誤的。」（見圖 9-4）

「所以，任何值得被懷疑的東西，都不應該被我們看作知識。能夠被稱作知識的東西應該是具有確切無疑性質的東西。而我們所應該追求的正是這些具有確切無疑性質的知識。」

第四節　一個人的哲學構成

「不知道同學們在學習哲學的過程中，是否認真考慮過這樣一個問題：人究竟是由什麼構成的？同時和動物相比，人又有什麼不同之處？」雖然笛卡兒教授提出了自己的問題，但是這一次他似乎同樣沒有想要給同學們留出思考的時間，而僅僅是想要用提問題的方式，來開始他的最後一節課程。

「當然，我所問的人的構成是從哲學的角度出發的。所以在解答這個問題時，也需要從哲學的角度去進行思考。在我看來，從哲學角度來看，人類的構成可以分為靈魂和肉體兩部分。而人與動物之間的不同，也在於人類擁有靈魂。」

「如果單單從肉體的角度來說，人和動物是等同的，甚至很多時候，人的肉體似乎還不如動物的肉體好。而如果把靈魂考慮在內的話，人和動物之間的區別就較為明顯了。人的靈魂和肉體是緊密相連的，曾有人將它們形容為舵手和船隻的關係。但作為兩個完全獨立，並且全然不同的實體，他們可以緊密地連接在一起，形成一個個的個體。這其中一定有著某種原因。」

「在我看來，既然它們能相互結合在一起，那麼它們必然在某些方面相互作用和影響，不然的話，它們的結合又有什麼意義呢？我認為，它們之所以能夠結合在一起，是因為人的肉體上有一種特別的官能，我稱之為松果體，

正是它架起了連接靈魂與肉體之間的橋樑。」

　　「對於靈魂，我認為其主要有兩種不同的活動：覺和欲。覺也就是感覺，這可以說是一種本能，而不是認識事物的本質。它會讓我們在面對外界事物時，及時、果斷地採取措施。當我們用手去觸摸物體時，可以感受到冷、熱、痛，這種感覺會讓我們及時做出應對措施。」

　　「而從生理的角度來講，靈魂的感覺是由於外界擴展的肉體直接或間接地刺激末梢神經，這些末梢神經聚合成為一種神經管，然後通到松果體的空腔中，末梢神經的刺激被輸送到空腔中時，刺激腦神經，這時，居於腦中間的松果體亦隨之振動。在空腔中的靈魂於是有所感覺，松果體每動一次，靈魂即有一次感覺。」

　　「欲則是包括了意願和情感，是一種由生命精神在靈魂之中激起的感覺。欲是人類肉體之中的一些機械的能力，包括驚奇、愛恨、快樂、憂愁等。」

　　「在我看來，我肯定，人的靈魂，不管在何處，即使在海底也時常在思想。我這樣的肯定是有道理的，因為我已經證明了它的本性或本質就是思想。就好像物體的本質是『擴展』一樣。世界上不存在沒有其本質的東西，所以我認為我不應相信有人因為他不記得自己在思想之故就否認自己的靈魂在思想，就好像我不相信有人因為感覺不出他自己肉體的擴展，而否認他自己的肉體是擴展的一樣。」

　　「但是，這並不是說我因此就相信小孩的精神在母胎時就已作形而上學的沉思。剛剛和嬰孩的肉體相結合的靈魂，它僅有苦痛、冷熱的模糊感覺，和其他一些與身體結合及摻雜而生的觀念。這個時候，他內生的上帝、自我以及自明的真理觀念，並不少於一位不重視它們存在的成年人，因為這些觀念不是因為年歲的增長而獲得。我不懷疑，一旦靈魂脫離肉體的糾纏，人就會

立即發現它們是在自己的身上。」

「我相信靈魂所以常常思想的理由，和我相信光之常常照耀相同，雖然沒有人注意它；這和我相信熱之常常溫暖，雖然沒有人靠它取暖相同，同時也和我相信物體或擴展之實體具有體積一樣。總之，當一物存在時，一切組成該物的本性因素常常同它一起存在。因此，當有人說靈魂停止思想時，對我來說，我寧可說它停止存在，而不說它存在但不思想。」

「靈魂不僅是在不斷思考的，而且還是不可分割。我領悟到靈魂和肉體有很大的分別，就肉體的本性來說，它常常是可以分割的，而靈魂絕對不能分割。雖然『我』和肉體互相結合，但是我的肉體被削去一足或一臂或任何其他的部分，我不知道我的心靈會有什麼損失。而這也就證明了靈魂和肉體是完全不相同的。」（見圖9-5）

靈魂是永不消亡，不可分割的。

圖9-5　靈魂不滅

「時間的性質或我們壽命的性質，既然有這種性質，前一部分無法保證後一部分，後一部分不能依賴前一部分，彼此相互獨立，無法一起存在，則我們現在的存在未必能保證下一時刻的存在。除非有一原因即產生我們的同一個原因，繼續產生我們，保證我們。」

「人的肉體是由不同的部分排列組合而成，所以它能夠被分割，它的形態也會因此而遭到破壞。但相反，靈魂卻因為沒有形態，而不能被分割，所以也不會因為遭到破壞而毀滅。」

「人正是由靈魂和肉體相結合而存在的，肉體會因為時間的原因而衰老、消亡。但靈魂卻是完全不同的。」

第九章　笛卡兒教授講「懷疑」

第十章

盧梭教授講「社會契約」

第十章　盧梭教授講「社會契約」

　　本章主要介紹了哲學家盧梭的哲學思想，盧梭的「社會契約」思想對政治學界產生了重要影響。社會究竟是如何形成的？社會應該按照怎樣的規則去運行？在盧梭的思想中都可以找到。

　　盧梭是法國十八世紀偉大的啟蒙思想家、哲學家、教育家、文學家，十八世紀法國大革命的思想先驅，傑出的民主政論家和浪漫主義文學流派的開創者，啟蒙運動最卓越的代表人物之一。其主要著作有《論人類不平等的起源和基礎》（Discours sur l'origine et les fondements de l'inégalité parmi les hommes）、《社會契約論》（Du Contrat Social）、《愛彌兒：論教育》（Émile: ou De l'éducation）、《新愛洛伊斯》（Julie, ou la nouvelle Héloïse）、《植物學通信》等（Lettres Elementaires Sur La Botanique）。

第一節　自然自由與社會自由

　　「趣味哲學」的課程已經過半，顧夢萍對於上課的熱情卻並未因此而減半。雖然在課堂之中，教授所講的內容並不能夠被自己完整地消化，但能夠

聽到不同教授針對不同或相同問題的觀點，也是讓顧夢萍受益匪淺。

新的一週，顧夢萍同樣早早地來到了講堂。對於新的課程她同樣充滿了期待。第一眼看到新的教授，顧夢萍的腦海中最先顯現出了「清秀」二字，而且這位教授的身上似乎有一種獨特的氣質。

「在我看來，我們每個人都生活在一定的社會形態之中，而每一種社會形態都有著一定的社會秩序。這些社會秩序往往並非來自自然之中，而是由我們人類自身所構建起來的，在我看來，這一點是十分必要的。」

「這種關聯和秩序究竟要如何構建呢？我認為這之中存在一種必要的約定，是這種約定將社會形態之中的雙方關聯了起來。而我將其稱為社會契約。」

「此前，很多哲學家認為人與人之間所存在的奴役和統治的關係是天然形成的，在我看來，之所以會出現這樣的觀點，是因為他們將原因和結果弄混淆了。舉個例子來說，如果有些人天生為奴，那麼一定是因為有反自然的奴隸制度存在。」

「一種社會秩序不可能長久地建立在權力的基礎之上，因為即使是最為強大的人也沒有辦法始終保持著強勢的霸權。當然，除非他能夠將權力轉化為權利，同時把服從轉化為義務。」

當聽到社會契約的時候，顧夢萍就已經知道這位教授的身分了。雖然之前曾經翻閱過盧梭教授關於社會契約理論的書籍，但顧夢萍所理解的卻並不深入。現在盧梭教授一上來，就將社會契約的內容放在最前面講，自然很合顧夢萍的胃口。同時顧夢萍也在努力地思考著盧梭教授所講的內容。

當聽到權利和義務的時候，顧夢萍一下便聯想到了現代社會的法治制

第十章　盧梭教授講「社會契約」

度。權利和義務可以說是其中的重要內容，但盧梭教授所說的這種權利和義務究竟是否就是現代法治制度之中的權利和義務呢？

「當然，單純的權力是無法構成真正的權利的，因為這種權利會隨著權力的停止而消失，而當這個權力被新的權力所打敗時，那麼由這種權力所促生的權利就會被新的權力所取代。」

「同時如果必須要透過權力來使人們服從的話，那麼人們便不是根據義務來服從了，也就是說服從和義務之間也是不能單純去畫等號的。在這種情況下，人們大多是出於一種自保的心態而被迫服從的。如果沒有東西去被迫讓人們服從，他們便沒有服從的必要了。」

「在自然狀態之下，人類沒有辦法獨自去承受生存的障礙，所以他們需要尋找一種新的生存方式。進一步說，這種新的生存方式是一種結合的方式，這種方式能夠使人們以共同的力量來保衛每一個結合者的人身健康和財富安全。同時在這個結合形式之中，每一個個體都是在服從自己本身，而且仍然會像往常一樣自由。」

「這難道不是一種絕好的形式嗎？想要達成這種形式，最好的辦法就是形成一個約定，這個約定會將每一個人都置身於『主權者』的指導之下。而『主權者』是什麼呢？」

「在這裡，我認為『主權者』應該盡可能包括最多的社會成員，它應該是擁有最多社會成員的、道德的和集體的共同體。而在這個共同體之中的約定對於每一個成員來說都是平等的。共同體就以這同一種行為獲得了它的統一性、它的公共的大我、它的生命和它的意志。」

「對於這個共同體，大家應該並不陌生，我將其稱為『國家或是政治

為了生存人們必須簽訂契約，相互約定。

圖 10-1　「生存契約」

體』，而在這個共同體之中的結合者則被稱為人民。另外一些作為主權權威的參與者則被叫做公民。作為國家法律的服務者，則應該被稱作臣民。」

「相較於『約定』，我更喜歡用『契約』這個詞。正是有了這種契約，人類才能夠從盲目的自然狀態，進入有序的社會狀態之中。同時也能夠從本能的狀態，進入道德和公理的狀態之中。」（見圖 10-1）

盧梭教授有條不紊地在講述著自己的課程，卻突然停了下來。因為在講堂的角落有一個女生在高舉著手臂，盧梭教授示意其提出自己的問題。

「難道您不認為正是這種社會的約定，才讓我們失去了自然的自由本性，而成了社會之中拘束的個體嗎？簽訂社會契約，是不是意味著我們將會失去自由呢？」

盧梭教授似乎很滿意這位同學的提問，在示意其就座之後，開始繼續論述了起來。

「這個問題的確是我們需要考慮的問題，而同時，這也是我下面要講的一個重要問題。誠然，人類將會因為社會契約而失去天然的自由，不僅如此，在社會契約的約束下，人類還將會失去擁有一切事物的無限權力。」

「但是在失去了這些內容之後，人類難道就沒有任何收穫嗎？當然不是，在失去的同時，人類將會獲得社會的自由，和對社會之中的一切東西的所有

權。可以說人生而自由，但卻又往往都在枷鎖之中。」

「在社會契約中，每個人都放棄天然自由，而獲取契約自由。在參與政治的過程中，只有每個人同等放棄全部天然自由，轉讓給整個集體，人類才能得到平等的契約自由。」

第二節　你才是國家的主人

「在前面的課程之中，我們主要講述了社會契約的一些內容。那麼接下來，我沿著社會契約的內容繼續向下學習。在這裡，同學們首先需要分清兩個不同的概念，即『公意』與『眾意』。在座的各位可以先談一談自己對於這兩個概念的看法。」

「在我看來，『公意』應該是在社會生活之中，公民群體的意見和想法。而『眾意』的範圍應該更加廣泛，是代表社會大眾的意見和想法。」第一個回答問題的是坐在最前排的一位男同學。

「我認為『公意』應該是代表社會大眾之中一部分特殊群體的意見、想法。」這位回答問題的同學顯然是認同了前面同學關於「眾意」的看法，而對於「公意」則提出了自己的見解。

在「眾意」這個概念上，顧夢萍的想法與前面兩位同學相差不多。而在「公意」這一概念之上，卻並不太認同前面兩位同學的看法。但具體要怎麼看待這個「公意」，顧夢萍也沒有太多清晰的想法。

「同學們對於『眾意』概念的分析還是較為準確的，但是對於『公意』概念的分析，卻停留在了表面，同時也沒有確定好範圍。『公意』是人民意志的展現，同時也是國家全體成員的共同意志，這是一種類似於某種永恆真理

圖 10-2　公意

的絕對理念。」（見圖 10-2）

「很多人經常會將『公意』與『眾意』的概念弄混，實際上，如果從本質上來思考的話，兩者之間的差別是非常明顯的。『公意』的立足點是公共的利益，而『眾意』的立足點則是每一個個體的私人利益，雖然在表達上是全體的意志，但實際上也只不過是個別意志的總和而已。」

「因為『公意』是絕對正確的，同時也永遠以公共利益為依託，所以它可以很容易解決社會契約之中存在的問題。當我們透過社會契約形成國家之後，究竟該由誰來管理和負責呢？答案當然是每個公民了，即使是主權者，它的行為也只是公民自身意志的一種表達而已。」

「而正是基於這一點，我認為一個國家的主權應當屬於人民，同時也應該受到人民的『公意』的指導。這裡我所說的『國家』是民眾的結合體，可以說是一個公共的人格。民主的國家是按照社會契約的規定產生的，每一個締結社會契約的人都交出了自己的全部權利，這樣才能按照最有利於全體成員的方式來安排生活。」

「上面所提到的人民主權，因為是『公意』的一種運用，所以它既不能夠轉讓，也不可以被分割。除了這兩點之外，主權還應該是絕對的、至高無上的、神聖而不可侵犯的，同時也是不可替代的。」

「主權的不可轉讓，是因為國家由主權者構成，所以只有主權者才能行使主權。而由於代表主權的『公意』本就是一個整體，所以主權也應作為一個

整體。由於主權在本質上是由『公意』所構成的，而作為一種意志，其又是不可以被替代的。」

「而在這裡，我的觀點是什麼呢？在我看來，人類是從最初的自然狀態之中發展而來的。在自然狀態之中，既不存在私有制，也不存在不平等，而正是私有制的出現才促使人與人之間出現了不平等。」

「國家是因為社會契約的締結而產生的，每一個參與締結契約的人民都是其中的主題。國家的主權不可分割，也不能夠轉讓，一切主權的表現和運用都必須是『公意』的展現。主權本質上由全體人民的『公意』構成，不可能由單一的個體或群體代表，唯有由全體人民直接行使才不至流失或僭越，而國家的主權應該掌握在人民的手中。」

「換言之，在座的每一位同學都應該是自己國家的主人，每一位同學都具有表達意見的資格，同時每一位同學也都應該正確地行使自己的這種權利。」

聽到這裡，顧夢萍聯想到了自己曾經在政治學之中學到的人民主權原則，仔細想來，這一原則似乎正是來源於盧梭教授的這種理論。

第三節　平等是從何時消失的？

「人類是生而平等的，雖然每一個新生兒在體重上可能存在著不平等，但這似乎並不會引起人們對於平等的過多關注。隨著新生兒一天天長大，人們才會發現，原來在社會生活之中的每一個人都是不平等的。那這種人類的不平等究竟起源於哪裡呢？在這節課之中，我們主要探討這一問題。」

人類之間的不平等究竟起源於哪裡？在思考這個問題之前，顧夢萍首

想要探尋人類之間不平等的根源，就要從人類的自然狀態開始尋找。

圖 10-3　人類生而平等

先回憶起了自己生活之中的不平等。同樣付出努力，有錢人過著好日子，沒錢人卻痛苦萬分。有的人說幾句話便可進帳百萬，有的人即使沒日沒夜地工作，也很難維持生活。對於顧夢萍來說，這種不平等似乎是自己記憶之中深刻的一個方面。

「想要探尋人類之間不平等的根源，我們需要首先去追尋人類的根源，當然，我們沒有必要研究得過於透徹，在這裡，我們首先來探討一下人類的自然狀態。」（見圖 10-3）

「人類起源於自然，所以研究人類的自然狀態是十分必要的，但限於資料的匱乏，我只能用自己『最接近真實的猜測』來論述人類的自然狀態，以及在這種狀態之中人類的平等狀態。」

「在最為原始的狀態之中，人類在生理上的構造可以說是最為完善的，人類可以依照強壯的體質維持自己的生存，同時還能夠透過學習借鑑野獸的本能來改善自己的生存狀態。當然，即使是再強壯的體質，也需要面對衰老和死亡的威脅，但在自然狀態之中，人類的疾病卻要比在社會狀態之中少得多。」

「而從精神層面來看，人類並沒有純正的精神活動，而只是在思維能力方面要比禽獸高出很多層次。而這之前在精神方面的主要差別，在我看來，應該是人的主觀能動性。而真正將人類與禽獸相區分的關鍵一點，則是人類所

第十章　盧梭教授講「社會契約」

具有的自我完善化的能力。」

「我認為這一能力，正是人類一切不幸的源泉，正是這種能力，讓人類開始逐漸擺脫自然的原始狀態，而進入社會狀態之中。在自然狀態之中，人類的社會性是微乎其微的，在原始的自然狀態之中，人類更多地借助手勢和呼聲來進行交流。隨著社會交往範圍和深度的擴大，語言才開始逐漸形成。」

「關於人類的道德思想，在人類的自然狀態之中，也是不存在的。這時的人類不僅沒有道德觀念，沒有義務，同時也沒有善惡美醜的觀念。如果非要從人類最初的自然狀態之中，尋找道德的影子的話，那麼憐憫心可能是唯一一點，而這也只是一種自然的感情，還沒有上升到思想道德的層面上。」

「所以，在我看來，自然對於人類不平等的影響並不大。自然狀態可以說是人類真正的美好時代，那也是人類的青春時代。而當人類進入社會狀態之中時，那些表面上的進步其實都是在一步步將人類引入墮落和毀滅之中。」

「既然在自然狀態之中，我們沒有找到人類不平等的根源，那麼我們便需要去人類的社會狀態之中尋找答案了。」（見圖 10-4）

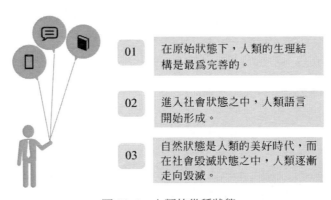

01	在原始狀態下，人類的生理結構是最為完善的。
02	進入社會狀態之中，人類語言開始形成。
03	自然狀態是人類的美好時代，而在社會毀滅狀態之中，人類逐漸走向毀滅。

圖 10-4　人類的幾種狀態

「前面我們提到過，人類具有自我完善的能力，正是這種能力幫助人類走

出了自然的狀態，而進入社會狀態之中。而我認為正是這種能力將人類帶入不幸之中，因為每一個人的自我完善能力不同，人們之間的差別便越來越明顯。當弱勢的一方需要強勢的一方提供幫助時，人類便開始向不平等邁出了第一步，同時也是向墮落邁出了第一步。」

「社會分工的出現，使得交易成了人們生活之中重要的一個部分。而隨著交易的擴大化，私有制開始漸漸被社會所承認，這也形成了最初的公正規則，並產生了不同於自然法中權力的所有權。」

「於是在利益的驅動之下，人類變得虛偽而邪惡，為了財產而互相競爭。利益成了人類追求的重要目標，私有財產則開始拉大人與人之間的不平等。富人為了獲得更多的財產，開始讓窮人為自己服務，而為了保障自己的私有財產，便開始制定對於自身有利的法律制度。」

「不僅是從財產方面，在社會職位方面，也出現了人類之間的不平等。在最初的不完善的政治組織之中，少數人掌握著公共權利，自然與其他人之間形成了不平等的方面，而在這之中，財產仍然是維持其從屬地位的一個重要紐帶。」

「政府的建立是人民與首領之間的契約，在這個契約之中，每一個人的意志都可以形成單一的意志。政府之中的官員按照人民的意思來行使自己的權力，從而保證每一個人的安全和平等，並堅持公共利益高於個人利益。」

「但是隨著不少懷有野心的權貴們使用各種方法將自己的職位世襲化，同時更加習慣於讓人民處於從屬地位之中，透過加重對人民的奴役來維持自己生活的穩定，這正是專制權力的產生，同時也讓人類的不平等達到了一種最大化的程度。」

第十章　盧梭教授講「社會契約」

「在自然狀態之中，人類之間並不存在明顯的不平等，而隨著人類社會性的不斷加深，這種不平等性的程度也開始逐漸增大。造成所有這些不平等的真正原因在於，自然的人只會為了自己的生存而活，而社會中的人則永遠都有一種身不由己，他們只會按照別人的意見生活，同時從別人對他的評價之中，他才會意識到自己的存在。」

「雖然同學們生活在現代社會之中，但我還是希望大家的身上能夠更多一些自然的本性，而少沾染一些社會的俗氣。」

第十一章

黑格爾教授講「辯證法」

第十一章　黑格爾教授講「辯證法」

　　本章主要介紹了哲學家黑格爾（Hegel）的哲學思想，與亞里斯多德的「形而上學」一樣，黑格爾的「辯證法」也是不容易理解的。因此在本章中也對黑格爾的辯證法思想進行了簡化，精選其中的關鍵理論，讓讀者更好地理解其中的內容。

　　黑格爾是德國十九世紀唯心論哲學的代表人物之一。黑格爾的思想，代表著十九世紀德國唯心主義哲學運動的頂峰，對後世哲學流派產生了深遠的影響。

第一節　是誰在推動歷史的發展？

　　「很多人認為我的哲學思想太過深沉，不容易理解。在我看來，那是因為

他們沒有真正用心去感受，或者說是沒有真正用心去思考。所以對於我要講述的內容，同學們只要認真去聽，用心去思考，多反思，便能夠有所理解，並有所增益。」

這樣的開場白，在顧夢萍聽來還是第一次，看樣子這位教授所要講述的內容確實可能會不好理解。但偏偏今天的自己又完全不在狀態，前一天晚上熬夜追劇的後遺症，讓顧夢萍整個人感覺飄飄忽忽的。所以別說是用心思考了，真正能夠聽進去就算不錯了。

「在第一節課程中，我先來講述一些比較容易理解的內容，從而讓大家有條不紊、循序漸進地學習和理解我所講的內容。在這節課中，我要講述的問題是歷史是由誰來推動的？大家都知道歷史是在不斷向前發展的，但究竟是什麼力量在推動著歷史的發展，歷史在發展的過程中又具有什麼樣的特徵，大家是否了解呢？對於這些問題，有想法的同學可以先來談一談。」

「歷史的發展存在一定的必然規律，正如三國時期的天下大勢一樣，『分久必合，合久必分』，這些都是因為存在一定的規律所導致的。」由此可以看出，這位回答問題的同學對於歷史很感興趣，但似乎對於究竟是何種規律在推動著歷史的發展，回答得仍然有些含混不清。

「的確，對於歷史的發展是否存在規律，始終都是歷史哲學所關注的一個重要問題。不僅是我，其他的哲學家和思想家們也都對於這個問題進行過探討。在我看來，人類歷史的發展是存在一定的必然性和規律性的，但是這種必然性和規律性卻並不存在於歷史的表面，而是需要到歷史的深處進行挖掘才行。」

「我認為，世界歷史是理性各環節從精神的自由的概念之中引出的必然發展，從而也是精神的自我意識和自由的必然發展。而這其中的理性包含多種

第十一章　黑格爾教授講「辯證法」

不同的含義，不僅有『精神』、『上帝』，還有『神意』。」

「首先可以否定的是，歷史的發展絕對不是以個人的意志為轉移的。因為『理性』是世界的本原和主宰，而人只是『世界精神的實體性事業的活的工具』，所以人們活動的動機和結果往往是不一致的。如果一個人想要去搶一些錢，但在搶錢的過程中，卻誤殺了別人。雖然這件事產生了他想要的結果 —— 搶到了錢，但同時也產生了他並不想要的一種附加結果 —— 他殺了人。」

「世界歷史是『精神』本質的思想。而『精神』在本性上又是不會被偶然的事件所擺布，並且還能夠利用和支配它們，『精神』應是萬物的絕對的決定者。所以國家和民族的興衰更替與社會歷史的發展變遷都不是偶然發生的，而是必然出現的。」（見圖11-1）

> 歷史的發展是不以某一個人的意志為轉移的，即使這個人再偉大，在面對歷史時，他也是無能為力的。

圖11-1　歷史是客觀的

「正如古希臘的衰落和馬其頓的滅亡一樣，都是一種無可挽回的盲目的命運。那些將羅馬共和國的滅亡，歸結到凱薩的降生這一事件上的想法，是完全錯誤的。這些事件的發生正是歷史必然性的結果。」

「從現在來看，世界歷史的發展無疑是一種進步，是一種不斷從低級到高級、從簡單到複雜、從不完善到完善的曲折向上的進步。在我看來，在生存之中，從不完美的東西進展到比較完美的東西，便是一種『進步』。但是不完美的東西卻絕不能被抽象地看作只是不完美的東西，而應該看作牽連著或

者包含和它自己恰巧相反的東西。」

「當『精神』脫去它的生存皮囊之時，它並不僅僅轉入另外一個皮囊之中，也並不是從它前身的灰燼之中脫胎新生。但它再度出生時是神采發揚、光華四射的，同時也將形成一種更為純粹的精神。」

「當然，如果『精神』想要毀滅它自己的生存，在這種毀滅當中，它把以前的生存作為一種新的形式，把每一個相續的階段輪流做成一種材料，而透過加工這些材料，使自己提高到一個新的階段之上。這一點，也可以理解為歷史的發展具有一定的進步性。」

「前面講述了這麼多關於歷史發展的特徵問題，下面我們就來看看到底是何種力量在推動著歷史向前發展。」

「在我看來，推動歷史發展的動力主要有兩個，一個是『理性』；另一個是『熱情』。『理性』是推動歷史發展的第一動力，而『熱情』則是推動歷史發展的第二動力。可以看出，『熱情』在歷史發展過程中造成了直接的作用，而『理性』則是歷史發展過程中的最終力量。」（見圖 11-2）

圖 11-2　歷史的車輪在前進

第十一章　黑格爾教授講「辯證法」

「整個世界的基礎就是『理性』，同時它也是萬物的無限內容和世界歷史的靈魂主宰。它統治著自然界和人類社會，在具體的表現形式上則是上帝。上帝統治著世界，而『世界歷史』便是上帝的實際行政，同時也是上帝計畫的見諸實行。」

「那麼『理性』究竟是如何推動歷史的發展呢？在我看來，『理性』是主體和客體的矛盾統一，其推動歷史發展，就是其自身的矛盾在推動歷史的發展。實體作為主體是純粹的簡單的否定性，唯其如此，它是單一的東西分裂為二的過程或樹立對立面的雙重化過程，而這種過程則又是這種漠不相干的區別及其對立的否定。」

「所以普遍存在的矛盾是一切事物運動變化的根源，自然也就是歷史發展的根本動力。世界歷史上不同民族間的興衰更替，不同國家的發展變遷，都是在矛盾的推動之下才實現的，所以說沒有矛盾也就沒有現在的世界。」

「而『熱情』在其中又造成了什麼樣的作用呢？在歷史的最初階段，『理性』還只是一種抽象的可能性，想要成為直接的現實，必須要依靠人類的活動，而影響人類活動的因素包括利益、需要和熱情。所以個別興趣和自私慾望滿足的目的是一切行動的最有勢力的源泉。而『熱情』則是指從私人的利益，特殊的目的，或者是利己的企圖之中產生的人類活動。如果沒有『熱情』，世界上的一切偉大事業都不會成功。」

第二節　成為米娜瓦的貓頭鷹

「米娜瓦的貓頭鷹總是在黃昏之時起飛，我喜歡貓頭鷹，更崇敬米娜瓦的女神。」教授在臺上如唸誦長詩一般開始了自己的講述。顧夢萍卻仍沒有從

睡夢中清醒過來，只是斷斷續續地聽到了「貓頭鷹」和「女神」等的字眼。

「在開始我的講述之前，我希望同學們對於我所提到的米娜瓦的貓頭鷹最好有一個了解，這樣才能更好地理解我下面所講的內容。對此有了解的同學，可以為大家介紹一下。」

「從體態特徵上來說，貓頭鷹屬於一種夜行性猛禽，因為它的眼睛又圓又大，很像貓的眼睛，所以才被稱為貓頭鷹。不同於其他鳥類，貓頭鷹的雙眼並不生長在頭部兩側，而是生長在正前方，其眼睛的四周羽毛呈現出放射狀。它的嘴和爪子都彎曲成了鉤狀，全身羽毛多為褐色。」這種如教科書一般的回答，來自一位戴著高度近視鏡的男生。正當顧夢萍猜測著這位同學是否是生物學專業的學生時，一個聲音在講堂的另一個角落傳來。

「米娜瓦在古羅馬神話之中代表的是智慧的女神雅典娜。她將紡織、縫紉、園藝等各種各樣的技藝傳達給了人類。而相伴在女神雅典娜左右的正是一隻貓頭鷹，它們一同守護著整個雅典，所以也可以說貓頭鷹正是智慧女神雅典娜的象徵，它代表著智慧與公平，被認為是掌管智慧和學問的神鳥。」（見圖 11-3）

圖 11-3　米娜瓦的豬頭鷹

「大多數古希臘人都相信貓頭鷹具有很高的智商，甚至還有人相信貓頭鷹能夠聽懂人的談話。由於大多數貓頭鷹都有一張很像人的「臉盤」，並且始

第十一章　黑格爾教授講「辯證法」

終保持著同一種神態，這讓大多數人認為它很像神廟之中的占卜師。」

「每當夜深人靜的時候，當人們陷入沉睡之中時，貓頭鷹會發出怪叫。這被古希臘人看作智者因為無法忍受民眾的愚昧，而不斷地呼喚、吶喊，想要喚醒沉睡的人們，為人們指名前行的方向。」經過了一大段漫長的講述之後，不知是什麼原因，這位同學匆匆結束了自己的演講。

「很好，沒想到同學們對於米娜瓦的貓頭鷹了解得如此深入。基本上，同學們的解釋已經足夠充分了，但是在這裡，我依然想要說明一下自己的觀點。」

「在我看來，貓頭鷹是一種啟迪人類智慧的神鳥，是思想者的象徵。同時也是哲學思考的一種別稱。而我所說的米娜瓦的貓頭鷹在黃昏之時起飛，也意味著人類的智慧在這一時刻啟動了。」

「在這裡，同學們要注意，米娜瓦的貓頭鷹的起飛並不是在清晨，而是在黃昏之時。所以人類智慧的啟動也不是迎著早晨的那樣，而是面對著黃昏之時的落日。所以，我所要表達的是人類智慧的啟動是在清晨與黃昏之間，在完成了某件事情之後才開始甦醒的。」

「而這也正是哲學的一種認識方式，我將其總結為反思。哲學家們在面對一個問題時，往往都會經歷一段漫長的思考階段，想要真正地取得實質性結果，則不知要經歷多少個清晨和黃昏。這也正如米娜瓦的貓頭鷹一樣，只有真正的黃昏時刻降臨之時，才能夠展翅翱翔。」

「哲學正是一種反思活動，更是一種沉思的理性。『反思』是『對認識的認識』，也是對『思想的思想』。如果把『認識』和『思想』比喻成為鳥兒在旭日東昇或豔陽當空的天空中翱翔的話，那麼『反思』自然就需要像米娜瓦

的貓頭鷹一樣在薄暮降臨之時悄然起飛了。」

「聽到這裡，大多數同學應該明白了我在這節課之中所要講述的內容。我們學習和研究哲學之時，要保持一種什麼樣的心理和態度呢？在米娜瓦的貓頭鷹身上，大家應該可以找到問題的答案。」

「生活中的艱苦讓大多數人對於尋常生活之中的平凡小事給予了過多的重視。而在現實的生活中，為了追求更高的利益，人們不斷與其他利益進行競爭，這極大地消耗了人類的精神力量和能力，從而讓人們沒有更多的自由心情，去追求那種更高的內心生活和更加純淨的精神活動。正是這樣的原因，讓更多的優秀人才都被這種生活表面的艱苦所束縛，從而部分地犧牲在了其中。」

「這並不是一種正確的哲學研究和生活態度，在我看來，哲學研究的真正基礎也應該包括精神和情緒上深刻的認真態度。從事哲學研究的人們，應該如米娜瓦的貓頭鷹一樣，對自己的哲學思想進行一次認真的反思。同樣，這種反思也適用於其他從事任何活動的人類。」（見圖11-4）

「哲學所要反對的，不僅是精神沉淪在日常的瑣碎興趣之中，也是意見的空疏淺薄。當精神一旦被這種意見的淺薄所占據時，理性便不能尋找到自身的目的，從而失去了活動的餘地。所以哲學的反思需要精神與情緒上的認真態度，讓自身從日常的平凡瑣碎之中解脫出來。」

研究哲學的人都應該成為密涅瓦的貓頭鷹。

圖 11-4　哲學家要成為米娜瓦的貓頭鷹

第十一章　黑格爾教授講「辯證法」

第三節　實體亦即主體

「在我來講課之前，相信大家已經聆聽了許多哲學教授的理論。我也曾經了解過前人的許多觀點及論著，在了解的過程中，我發現許多哲學家對於同一個問題產生了不同的意見分歧。而對於其中的一些問題，我也有著一些不同於他人的看法，所以想要在這裡和同學們分享一下。這些問題主要是關於認識論方面的，在我講述的過程中，同學們也可以就我的觀點提出問題。」

「在英國經驗主義之前的西方傳統哲學裡，其在認識真理的問題上往往採用一種樸素的態度。在我看來，這種觀念還沒有意識到思想自身所包含的矛盾和思想自身與信仰的對立，卻相信，只依靠反思作用便能夠認識真理，亦即可以使課題的真實性質呈現在意識前面。」

「在我看來，這種觀念還沒有意識到事物本身與事物向我們呈現出來的現象之間所存在的區別。同時，這種觀念還具有一種獨斷論性質的非此即彼的思維方式，所以我並不認為依靠這種觀念能夠獲得真正的知識，當然，也不認為依靠這種觀念可以把握到真正的真理。」

「而隨著時代的發展，經驗主義開始出現，其力求從經驗中，從外在和內心的當前經驗之中去把握真理，同時以代替純從思想的本身去尋找真理。」

「但在我看來，從來便不存在游離於任何範疇之外的感覺經驗，即使是在一個純粹感覺經驗的命題之中，就已經摻雜了存在和個體性的範疇在其中了。所以，我認為經驗主義的觀念從來沒有擺脫其先前學說的陰影，只是它們自身對其一無所知罷了。」

「而批判哲學在這一方面，其實與經驗主義是十分相同的，把經驗當作知識的唯一基礎。不同之處在於，其不以基於經驗的知識為真理，而只是把它

看成是對於現象的知識。」

「以雅可比為代表的直觀主義的觀念是一種對知識採取直觀的認識方式，也就是認為知識的獲得並不需要經過複雜的認識過程，普通人的理智便可以直觀到超驗的自在之物的真理。」

「在我看來，雅可比在這方面的觀點，其實在別處叫做靈感，內心的啟示，天賦予人的真理，特別更與所謂人們的健康理智、常識、普通意見是同樣的東西。所有這些形式，都同樣以一個直接呈現於意識內的內容或事實作為基本原則。」

「而這種觀點所導致的結果，就是將主觀的隨意性看作真理的標準，從而把一切迷信與偶像崇拜都宣布成為真理。」

「其實，在我看來，一切問題的關鍵就在於，不僅要把真實的東西或真理理解和表述為實體，而且同樣要把它們理解和表述為主體。」

「在我看來，實體並不是在人的意識之外，而是人的意識在實體之中，並且人類的精神實體應是唯一的實體，宇宙的實體則是絕對精神。而實體的精神性則使之成為主體，主體的客觀性和存在性又使之成為實體。所以，我的觀點是『實體即主體』，只有這樣才能將主體性原則發揮到極致。」（見圖11-5）

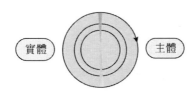

圖 11-5　實體與主體

「要怎麼來更好地理解實體和主體之間的關聯呢？其實，實體可以被看作

第十一章 黑格爾教授講「辯證法」

是靜止的單一的東西，而這些靜止的、不動的實體卻能夠引發運動。而主體則表現為精神自身，也就是與理念、概念相類似的東西，這些東西往往在現實世界之中很難存在。」

「那麼，主體又是從何而來的呢？答案是來自實體本身，實體自身所蘊含的內在動力使其成為主體。而主體創造實體的過程，則是一種拋棄其主觀性、抽象性，從而成為一種創造性本原的過程。當然，這種創造性並不需要借助外界的刺激，主體自身就能夠透過一定的方式來創造出實體，從而形成新的理念、概念或是認識。在整個過程中，主體不僅創造了實體，同時還完成了對實體的認識。」

「實體即主體」，雖然黑格爾教授已經講述得十分細緻了，但顧夢萍在理解上依然顯得十分吃力。

「其實從簡單方面來說，人類社會的每一次發展和進步，都是在人類對自身不斷認識的基礎上不斷創新、改造之後所形成的新的認識，在這個過程之中，我們便是創造了許多新的主體，同時也豐富了人類的認識。」

第四節　從絕對精神到宇宙真理

正如黑格爾教授在前面所說的一樣，他的哲學理論似乎並不容易理解。對於顧夢萍來說，黑格爾教授所講的內容，自己只是聽了、記了，卻並沒有真正理解。但從黑格爾教授的舉動來看，他似乎並沒有看到顧夢萍的疑惑，仍然在繼續講述著自己的課程。

「關於世界的本質問題，許多不同的哲學家和思想家都曾進行過長久的探索。可以說，每一個哲學家都有著自己對於整個世界的認識和看法，這一點

我當然也不例外。『我們是誰？』『我們來自哪裡？』『我們又將走向哪裡？』
這些看似簡單的問題，卻讓萬千哲學家們窮盡了一生的時光。」

「而我在這方面的觀點與其他哲學家也存在一定的出入，在我的邏輯學
之中，研究世間萬物的本質是一項很重要的工作。我所追求的這個本質並不
應該僅僅是個體的東西，而應當是具有普遍性和一般性的東西。對此，我認
為『絕對精神』應該是萬物最初的原因和內在的本質，同時先於自然界和人
類社會永恆存在的實在，整個世界之中的一切，都應該是絕對精神的外在
表現。」

又一次出現了「世界本原」的問題，顧夢萍已經記不清在這學期的課堂
之上聽到了多少位教授曾經講述過這一問題。在顧夢萍的記憶中，有的教授
講過「世界的本原是道」，有的教授講過「世界的本原是火」。而在平時的學
習過程中，顧夢萍還看到過「世界的本原是水」、「世界的本原是氣」的描述。

顧夢萍始終對這一問題充滿了興趣，在她看來，這也正是哲學的魅力所
在。同一個問題，不同的哲學家從不同的研究方向上，所得到的結論也是完
全不同的。但究竟誰的觀點是正確的，誰的觀點是錯誤的呢？沒有人能夠給
出一個評判，如果任何問題都只有唯一的答案，那麼哲學家們的探索也就失
去了意義。

「絕對精神包含了一切關於自然、規律、精神、文化和宗教的原理，隨著
社會的不斷發展，絕對精神的覆蓋面也越來越大。它會跟隨著時代的發展，
而不斷增添一些新的內容。所以，在我看來，它的存在也是一個自我演化的
過程。」（見圖 11-6）

第十一章　黑格爾教授講「辯證法」

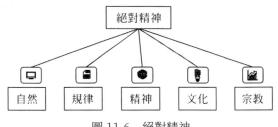

圖 11-6　絕對精神

「這個自我演化過程是如何變化的呢？首先，在自然界和人類社會產生之前，它只是純粹的邏輯概念的推演過程。在這之後其外化為自然界。在自我否定的同時，它又轉化為精神從而返回自身。它是主觀精神和客觀精神的一種統一。」

「具體來說，在最初的邏輯階段之中，自然界和人類社會還沒有出現，所以絕對精神還只是在概念之間或是範疇之間的轉化。」

「而到了自然階段，絕對觀念轉化成為自然界，絕對精神則表現為感性事物的形式，在這一階段之中，自然界作為外殼將絕對精神束縛於其中。自然階段可以分為機械性、物理性和有機性三個層次，人類精神的產生，是進入有機性之後的事情，也正是此時，絕對精神開始發展到了精神的階段。」

「前面說到的自我否定，是絕對精神對於自然界束縛的一種否定。在自我否定之後，絕對精神恢復其自身，進入了其發展的最高階段。從具體表現來看，其先後表現為主觀精神、客觀精神和絕對精神。」

「在這裡，主觀精神的發展可以分成靈魂、意識和精神三個階段。其中靈魂階段，主客體之間還處於混沌的狀態。到了意識階段，主客體分離，從而形成意識本身，進而達到了主客體統一的理性。精神階段則是靈魂和意識的統一，自我與對象的統一。」

「同樣，客觀精神也可以分為抽象法、道德、倫理三個階段。其中抽象法階段透過對外界事物的佔有來實現自身。而道德則是人們內心之中的一種行為準則。倫理則更進一步成為整個社會的準則，同時也是抽象法和道德的統一。」

「絕對精神透過由邏輯學到自然哲學、自然哲學到精神哲學、精神哲學再回到邏輯學這三個環節回歸其自身，從而完成了其作為真理的全過程。而辯證法正是貫穿所有環節的一個基本規律和範疇。絕對精神作為真理就是不斷運動、不斷發展的過程。」

「在絕對精神演化的三大環節，並不是平行並列發展的，而是一個由低到高，由簡單到複雜，由潛在到現實的發展過程。這個過程的每一個環節都會被下一個環節所否定，但它們卻並沒有因為新的環節的產生而徹底消失，反而是作為下一個環節的構成要素被保存了下來。正因如此，這三個大的環節才構成了絕對精神運動的全過程，從而達到了無限的全體。」

「所以，從認識的角度來講，人類只有認識到這個全體之後，才能算是最終達到了認識的目的，從而把握和認識終極的宇宙真理。」

第十一章　黑格爾教授講「辯證法」

第十二章

叔本華教授講「悲觀主義」

第十二章　叔本華教授講「悲觀主義」

　　本章主要介紹了哲學家叔本華（Schopenhauer）的哲學思想，將主題確立在叔本華關於悲劇的論述上，主要介紹其「悲觀主義」的哲學思想。將人生作為叔本華教授的講板，為讀者呈現出一種幸福與悲觀並存的雙重人生觀。

　　叔本華是德國著名哲學家，是哲學史上第一個公開反對理性主義哲學的人並開創了非理性主義哲學的先河，也是唯意志論的創始人和主要代表之一，認為生命意志是主宰世界運作的力量。

第一節　幸福不過是一場夢

　　「在開始講課之前，我想先向大家詢問一個問題：我們在這個世界上究竟是痛苦多一些，還是快樂多一些？」在開始講課之前，教授提出了這樣一個問題，這種看似並沒有正確答案的問題，讓講堂之中的同學開始議論紛紛。

　　小 A：「當然是快樂多一些了。」

　　小 B：「是痛苦多一些才對，每一個快樂都會伴隨著諸多痛苦。」

　　小 C：「也可以說快樂和痛苦是一樣多的，因為快樂的反面就是痛苦。」

同學們基本將關於這個問題的所有答案都一一列舉了出來。可以說，這其中一定有一個被教授所認可的正確答案，但是答案具體為什麼是正確的，即使是說出答案的同學，可能也不知道原因。

「在我看來，在這個世界上，痛苦是要遠比快樂要多的。你們所經歷的快樂可能只是一場正在進行的美夢，當夢醒時分，你們會發現自己所要面對的依然是諸多的痛苦。」不知是教授正在經歷著痛苦，還是為了讓同學們能夠更好地理解痛苦，教授在解答這個問題的時候，臉上似乎也顯現出痛苦的神情。

在顧夢萍看來，這位教授實在是過於獨特，不僅在於他有著一頭奇怪的髮型，同時也是由於從其身上，顧夢萍感受到了一種濃濃的悲觀主義氣息。仔細想來，在漫長的哲學發展歷程之中，符合這些特徵的，也就只有叔本華了。如果是叔本華教授的話，他的前面這些關於痛苦的闡述就說得通了。

人生就像一個鐘擺，不停在痛苦和虛無之間搖擺不定。

圖 12-1　人生就像鐘擺

「我為什麼會認為整個世界是痛苦的呢？大多數人認為是由於我個人不順的經歷，才會讓我產生了這種世界觀。不能否認，一個人的經歷確實會影響到他思想的發展，但是，對於我來說，我的思想更多的來源於對於整個世界的探索和研究。」

「很多人認為我是個多疑的人，懷疑這個，懷疑那個，以至於開始懷疑整個世界，最後得出了『世界就是痛苦的』這樣一個結論。不管別人怎麼說，我就是認為這個世界是痛苦的，所以我對於這個世界

第十二章　叔本華教授講「悲觀主義」

也是不信任的，這便讓我產生了對於世界的懷疑，當然，這也讓我更加確定整個世界是痛苦的。」

　　顧夢萍感覺到叔本華教授始終在翻來覆去講述著自己關於「世界是痛苦的」的觀點，但是卻沒有深入問題之中，去向同學們解釋為什麼世界會是痛苦的。看上去叔本華教授只是在宣洩著自己對於整個世界的不滿。

　　「在我看來，人生就像是一個鐘擺，鐘擺的一端是『痛苦』，而另一端則是『虛無』。人生就是在痛苦和虛無之間搖擺不定。當一個人的慾望得不到滿足的時候，他就會感到異常痛苦。而當一個人的慾望得到了滿足之後，他又會因為無事可做，而感覺到虛無與空虛。」（見圖 12-1 和圖 12-2）

　　「因為大多數時候，人們的慾望是不容易得到滿足的，所以在大多數時候，人們所能感受到的只有痛苦而已。可能有的同學會認為，除了痛苦和虛無之外，人們同樣能夠感受到快樂或是幸福。關於這一點，正如我在前面所說，這只不過是一場夢，只是一個表象罷了。」

　　「雖然表象和意志具有同一性，但是實際起決定作用的依然是意志，而並不是表象。生命的本質並不是表象，而應該

圖 12-2　人生的鐘擺

是意志。當然，我在這裡所說的意志可能與大家所理解的意志有著一定的區別。」

　　「我所說的意志並不是大家頭腦中的那種堅定不移地去完成一件事的信念，我所說的是人生來就具有的，或者說是世間萬物都具有的，它是一種盲

目的，同時也是一種不可遏制的衝動。這種意志是永遠無法滿足，卻又永遠無所不在的一種欲求。」

「說到這裡，大家可能就更加容易理解上面我所講到的痛苦了。既然意志是人生來就有的一個無止境的追求，人們就要不斷滿足這種追求。但在大多數時候這種追求是難以得到滿足的，而且即使這種追求得到了滿足，也還會有更多的不滿足出現，痛苦便是因此而產生的。正是缺乏的痛苦造就了意志的來源。」

「關於這一點，大家應該都深有體會。在我們的生活中，有些欲求是很容易得到滿足的，但是當這種簡單的欲求得到滿足之後，人們便會滋生出更多的其他欲求，而當其他欲求被滿足之後，仍然會出現新的欲求。所以一般來說，人們的欲求得到滿足的時間是十分短暫的，同時也是無法長久維持的。可以說，這種短暫的滿足欲求並不能夠幫助人們解脫痛苦，反而會進一步加深或是延長人們的痛苦。」

「講到了這裡，大家難道還不認為整個世界是痛苦的嗎？看大家的表情似乎以為我是在傳播負面情緒，並非如此，我只是想要向大家揭示人類生命的本質而已。我說世界是痛苦的，人生也是痛苦的，大家可能認為這種論斷毫無意義，但實際上，這一觀點對於在座的各位卻是大有裨益的。」

「世界是痛苦的，人生也是痛苦的，但是人生卻並不是沒有快樂，沒有幸福的。對於任何人來說，任何幸福的生活都不應該以快樂的多少來進行衡量，而是應該以脫離苦惱的限度，也就是其脫離積極的限度來衡量。一個人的痛苦要多於他的快樂，痛苦的瞬間也要多於快樂的瞬間，所以衡量人生幸福的標準就應該是脫離苦惱的限度，也就是慾望的大小。」

「可能大多數同學會認為，這種衡量幸福的標準是消極的，而透過與痛苦

不斷地競爭而獲得的幸福也是短暫的。但是一切幸福的境界，一切滿足的情感，從性質上來說，都是消極的，也都是脫離了痛苦而形成的，這也正說明了痛苦是人生的積極因素。」

第二節　麻醉藥並不能讓傷口癒合

「在前面的課程中，我們主要講述了痛苦的內容。當我們了解了人生的本質是痛苦之後，剩下的就是要學會如何去擺脫這種痛苦了。在我看來，即使人生的本質是痛苦的，但在細節之處，我們依然可以看到積極快樂的一幕。」

在講述了一節課痛苦之後，叔本華教授似乎要開始為大家講述解脫痛苦的方法了。其實對於這樣的設定，顧夢萍始終感到有些莫名。既然擁有能夠解脫痛苦的方法，那麼為什麼還會出現痛苦的人生呢？這就好像萬能鑰匙和鎖一樣，擁有了萬能鑰匙之後，還有什麼鎖是打不開的呢？

「在我看來，擺脫人生痛苦的一個主要方式就是進入理念的世界之中去。理念是什麼呢？它是意志和表象的一個中間環節，它可以將本質與現象連接在一起，從而將人的認識從意志的束縛之中解放出來，具體來說，這就是一種審美狀態。」（見圖 12-3）

「在審美狀態之中會發生什麼呢？在審

逃避不是擺脫人生痛苦的方式，進入審美狀態之中才是。

圖 12-3　擺脫痛苦的方式

美狀態中，審美主體將會擺脫意志的束縛，從而成為純主體，這時的注意力也不再關注於欲求的動機，此時的主體只會關注於眼前的審美客體。這時成為審美客體的客觀事物已經和外界事物沒有任何關聯了，只是作為可以觀賞的理念而存在著。」

「這時主體關注理念，從而摒除了任何雜念，僅剩下純粹的直觀，並在這種直觀之中迷失在客體之中，從而達到了物我兩忘的境界，不僅忘卻了主體自身，同時也擺脫了自身的束縛，不再與個別事物相對應。這時作為認識理念的純粹主體和理唸完全合一，從而使自身忘卻了自己的慾望，也忘卻了自己與慾望的關係。」

「講到這裡，關聯前面課程中所講的內容，在座的同學們應該已經知道了如何擺脫痛苦。但是在這裡，我不得不向大家坦白，按照前面所講的內容，當審美主體忘卻了自己的欲求之後，我們也就擺脫了痛苦。大家應該都能夠聯想到這一點，但是在這之後，我們卻沒有辦法使自己長期停留在這種審美狀態之中，也就是說我們仍然會回到原來的狀態之中。」

「當我們處於審美狀態之中時，作為純粹觀賞對象的理念對於我們的意志和我們與他物的關係，就會再一次進入我們的意志之中，這樣一來，審美狀態就會不復存在了。換言之，我們將會再次回到作為意志的世界之中，我們只得重新關注於個別事物，重新被意志所束縛。」

「這種純理論的解釋，大家可能並不容易理解，在這裡我來舉一個簡單的例子。當我們在電影院看電影時，尤其是在看勵志電影時，主角往往都命途多舛，但他們卻有著不同於常人的優秀特質，他們的身上閃爍著別樣的光輝。我們會逐漸被電影的主角所吸引，看著他們一點點克服困難，我們甚至自己也幻想著成為電影的主角，然後歷盡千難萬苦之後，像他們一樣獲得

第十二章　叔本華教授講「悲觀主義」

成功。」

「但是，現實真的會這樣嗎？在我們自己的生活中，我們難道不是自己故事的主角嗎？況且不說將電影中主角的命運安排在我們身上，就是簡單的困難我們尚且不能克服，又怎麼去經歷更加艱難的困難呢？當我們真正成為電影中的主角時，我們便不會再用欣賞的眼光來看待電影劇情的跌宕起伏了。而反過來，我們將會感嘆命運的坎坷，生活的困難，從而希望這些悲傷的事情離自己越遠越好。」

「可能有些同學會提齣電影主角往往都自帶光環，再難的苦難也能夠輕鬆解決，而當自己成為主角時，也會得到相應的待遇。好吧，就算如此，那麼電影結束之後呢？作為審美主體的我們將會再次回到現實世界之中，從而開始繼續演繹著自己的故事，這時的我們雖然仍然是主角，卻已經不再擁有主角光環了。這時的我們豈不是又要重新回到痛苦的人生之中嗎？」

「所以，審美狀態雖是擺脫痛苦的一個重要方式，但卻只能造成暫時擺脫痛苦的作用，它只能讓痛苦消失在審美狀態產生的那一瞬間，而不能長久地持續下去。那麼是否有永久的解脫痛苦的方法呢？在我看來是有的，但關於這方面的內容，大家還是先掌握好前面所講的內容，再去自己理解吧。」

在課程的結束，叔本華教授為大家留下的這一懸唸著實引起了顧夢萍的興趣。但顧夢萍卻並沒有急忙去翻閱相關的書籍，因為對於叔本華教授前面所講述的內容，她還沒有完全消化。對於審美狀態，顧夢萍原本並未理解，但透過叔本華教授所列舉的關於電影的例子，顧夢萍對於審美狀態也產生了一些自己的看法。

在她看來，如果說人生的痛苦是一場病的話，這種審美狀態的產生可能就像為病人注入了一劑麻醉藥。很顯然，這劑麻醉藥並不能治癒病人的病

痛，但是卻可以在一定的時間內讓病人感受不到病痛的折磨。

當然，想要徹底解決病人的病痛並不能依靠麻醉藥，必須要找到一種能夠根治病痛的藥劑才行。而在此過程中，利用麻醉藥減輕病痛是可行的，但是如果長期依靠麻醉藥的話，同樣也會產生一些不好的副作用。

第三節　我們為何要關注悲劇？

「對於人生的痛苦，我們所說的內容已經足夠多了，下面我們來換個話題，一起探討一下『悲劇』。在我所見的各種不同的藝術分類之中，我個人是十分推崇悲劇的。在我看來，悲劇以表現人生的可怕面為目的，在我們面前演繹出痛苦、悲傷，以及邪惡的勝利。」

「我認為，悲劇之中的不幸和痛苦都只是一種手段和表象，其根本的意圖在於傳達一種本質的觀念。它所要表達的是意志作為一切不幸和痛苦的本質，從而讓人們看穿世界的本質和人生的真諦，從而自覺地去放棄慾望，並且否定生命的意志。」

「在大多數悲劇之中，悲劇人物往往最終將會遭到毀滅性的懲罰，難道是因為他們個人犯下了什麼罪過嗎？不是的，他們所觸犯的是生存本身這一罪過，是觸犯了原罪。根據我對於悲劇的研究，我將悲劇劃分為三種不同的分類，或者說是三種不同的狀況。」（見圖 12-4）

第十二章　叔本華教授講「悲觀主義」

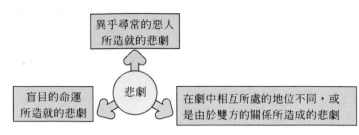

圖 12-4　不同的悲劇

「首先第一種是由於異乎尋常的惡人所造就的悲劇，在座的各位也可以理解為存在『一個特別壞的人』。這類悲劇的數量是非常多的，同學們可以試著舉幾個例子。」

小 A：「《威尼斯商人》之中的夏洛克。」

小 B：「《安蒂岡妮》中的克瑞翁。」

小 C：「《奧賽羅》之中的伊阿苟，同時查理三世也應該是。」

看樣子，喜歡悲劇的人真的是不在少數。對於顧夢萍來說，也就只能夠想到《威尼斯商人》之中的那個吝嗇的商人夏洛克了，剩下的別說是人物了，就連這齣戲劇，顧夢萍都沒有看過。對比於悲劇，顧夢萍還是覺得喜劇更能夠吸引自己的注意力。

「看樣子同學們對於悲劇的關注程度還是滿高的。第二種分類不同於第一種，這類悲劇主要是由盲目的命運所造成的，大多數都是由於偶然的機緣和錯誤所導致的。這類型的悲劇大多存在於古希臘的戲劇之中，像《伊底帕斯王》便是其中的代表。」

「而第三種分類，則是由於『在劇中相互所處的地位不同，或是由於雙方的關係所造成的。』在這種悲劇之中，既不需要邪惡的人為非作歹，也不需要出現可怕的或者是偶然的意外事故。這種悲劇只需要將普通的人安排在一

個相對普通的環境之中，使他們相互對立，這樣處於對立地位的雙方，將會出於各自的考慮而自覺地去損害對方。」

「在這種悲劇之中，你無法去從情理之中尋找到單獨一方的責任，更多的情況是一種『冤冤相報』的痛苦循環。像你們所熟知的歌德的《浮士德》，以及莎士比亞的《哈姆雷特》就是其中的典型代表。」

「在上面我所總結的三種不同的悲劇類型之中，我個人是十分喜歡第三種類型的悲劇的。從我的描述之中，大家應該也能夠感受得到，前面的第一種和第二種類型的悲劇其影響力對於我們來說是比較遠的，而其對我們所造成的恐懼也常常是可以避免的。但是，第三種類型的悲劇卻不同，相對來說，它更為可怕，對我們的威懾力也更大，同時距離普通人也最近。」

「這一點要怎麼來解釋呢？因為這一類型的悲劇並不是把不幸當作一個例外來讓我們觀看，同時也不是當作一種由異乎尋常的壞人，或是罕見的突發事故所帶來的東西。這種類型的悲劇把不幸當作一種輕易並且自發的，而且是從人的行為和性格之中產生出來的東西。可以說是當作人的本質上要產生的一種東西，所以這時的不幸與我們普通人的距離是近得可怕了。」

「在我們的生活之中，破壞幸福和快樂的力量無所不在，我們每一個人都有可能成為悲劇的始作俑者。為什麼會出現這種情況呢？因為悲劇即罪惡，而罪惡又是人的本質，人的本質又是什麼呢？在前面的課程中我們提到過，人的本質便是意志。」

「既然悲劇是罪惡的，同時又會為我們帶來不幸，那麼我們為什麼要去關注悲劇呢？」一位面容姣好的女生提出了自己的問題，她的聲音微弱得就像是悲劇中的女主角一樣，如果不是站了起來，顧夢萍甚至找不到這位提出問題的人。

「很好，我們為什麼要去關注悲劇呢？難道僅僅因為喜歡嗎？當然不是，我們關注悲劇是因為在其中能夠找到快樂。這一個理由難道還不足以讓我們去關注悲劇嗎？」

悲劇能夠讓人身臨其境，同時也能讓人脫離苦海，雖然只是暫時的。

「悲劇似乎有一種異乎尋常的力量，它能夠吸引人的注意，從而讓人逐漸認識到人世或是生命，都不能徹底滿足我們，所以並不值得我們去苦苦追求。而也正是這個要素構成了悲劇的精神，也因此而將我們引入淡泊寧靜的境地之中。」（見圖 12-5）

「當我們在關注悲劇的時候，會自然而然地感受到人生之中的痛苦和不幸。而在

圖 12-5　悲劇的效果

這種關注之中，作為審美主體的我們會逐漸忘卻自己，因此感知者和被感知者將會合為一體，成為一個自足的世界，這時的主體已經變成了一個無意志的、無痛快的主體。或者說，是由於悲劇中主角那種放棄自己的一切從而追求目標，放棄自己的人生享受或是放棄生命本身的行動，將會讓觀眾感受到悲劇的快感，從而也能夠暫時地擺脫自己的意志，擺脫痛苦。」

第四節　悲劇的結局早有注定

「在最後的課程中，我希望能夠和大家分享一下我的一些思考。之所以說是分享，是因為這些思考更像是一些夢幻的想像，雖然如此，但我依然沒有辦法下定決心將這些思考棄之不管。所以我還是想在這裡與在座的各位分享一下，或許能夠對同樣有此想法的同學獲得一定的啟發。」

「但是，在這節課程中我所講述的內容，即使對於我來說也是無法確定，並且充滿了疑問。這不僅展現在對於論題的解答上，同時對於這個論題本身也是如此。所以，可能在我的講述之中，大家並不能夠得到任何明確的解釋，我只是希望能夠對一些模糊不清的事物進行關聯和梳理而已。」

「我對於這個論題的思考就如我們在漆黑的夜晚之中探索一樣，就好像我們注意到了某樣東西，但這個東西究竟是什麼，它究竟存在於哪裡，我們都並不清楚。如果在我的講述之中出現了一種類似肯定的，或是說教的口吻的話，大家也不要更多的信以為真，這可能是我多年形成的一個習慣。之所以會出現這種情況，可能是我對於這一論題反覆表示懷疑或是不確定所造成的。」

「說了這麼多，現在便來開始我所要講述的論題。我們每一個人似乎都會存在著這樣一種想法，我們人生之中的各種大小事情似乎都被一種類似於超自然的東西所駕馭著。可以說這是天命的主宰，也可以說是一種冥冥之中的注定。」

「雖然偶然和變故無數次別出心裁地使我們事與願違，但事情的最終結果有時候卻是對我們有利的，或者是間接地使我們得到極大的好處。在諸如此類的情形裡，我們認出了冥冥之中的命運之手，尤其當命運無視我們的見解，甚至以我們討厭的方式引領我們踏上幸運之途的時候，我們就更能清楚地看到它的作用。」

「這是一種類似於『大難不死』的情況，很多人只是討論了『大難不死』的可能結果，認為『大難不死，必有後福』，但是卻很少有人會討論『大難不死』之中發生的事情。究竟發生了呢？我們只能說是冥冥之中的命運之手造就了『大難不死』的結果。而這種命中注定還有另一種情況。」

第十二章 叔本華教授講「悲觀主義」

「因為某些人具備『預見幻覺』的緣故，我們目睹通常很早之前就被預言了的事情按照預言的樣子準確發生，還有那伴隨發生的情形都跟預言準確吻合。我們甚至故意想出種種辦法阻撓預言中的事情發生，或者至少在某些附帶細節上使事情的發生不盡如預言的樣子。這些努力總是徒勞無功，阻撓這些事情發生的努力總是正好促成了這些事情的發生。」

「在這兩種不同的情況之中，我們可以得出一個重要的結論：雖然事情的發展看上去是純粹的偶然所為，但歸根結底，事實卻不是這樣；相反，所有的那些偶然本身都被一種深藏不露的必然性所完全控制，那些偶然本身只是這種必然性所採用的手段而已。」

「所有的事情不僅遵循著完全的必然性而發生，而且，這些事情的發生從一開始就以某種方式注定了，成了客觀上確定下來的東西，因為這些事情在預言者的眼裡已經是此刻存在的事情了。儘管如此，我們仍然可以把這種情形歸因於因果鏈的發展所必然導致的事情。」（見圖 12-6）

「在我看來，認為所有發生的事情所根據的必然性並不是盲目的，我們的人生歷程也是一樣，也是有著計畫和安排，存在一定的必然性的，而所有的這些都是一種更高一級的宿命論。當然，這種宿命論並不像其他的宿命論那樣可以簡單地解釋和證明，但每一個人在或早或晚的一段時間之中都會逐漸認定這種宿命的思想。」

事情的發生具有必然性，雖然過程中可能會出現各種偶發的事件，但結果卻也是早有預定的。

圖 12-6　結果是注定的

「我將這種宿命論稱為『超驗的宿命論』，從而將其與那些普遍的、可以被明示的宿命論區別開來。『超驗的宿命論』是我們在人生進程中逐步得出的，在人們經歷的事情之中，某些事件的發生會特別引人注目。一方面，這些事件與當事人尤其貼切吻合，我們在這裡面看到了一種道德的或者內在的必然性所留下的印記；另一方面，我們也看到了一種外在、純屬偶然的明顯痕跡。」

「從上面這一內容中，我們可以發現一個人的人生歷程，無論從表面上看是如何的雜亂無章，其實卻是一個自身協調與和諧的整體；它有著某一確定的發展方向，也包含著某一種給人以啟迪的意義，可以說，整個人的一生簡直就是一部構思極盡巧妙的史詩。」

「不知在座的各位是否曾經考慮過這一問題，當我們在回顧自己人生歷程中的細節時，會發現自己一生中所發生的一切有時顯然像是很早就安排好的一樣。而其中出現的各種人物也像是在一部戲劇之中循例登場的演員一樣。」

「關於這一點，九十歲的尼布爾在一封信中寫下了這樣一段話：『經過仔細觀察，我們就會發現許多人的一生都有某種規劃 —— 這一規劃透過人們的自身天性或者透過外在的情勢得以實施；這種規劃就好像預先就被細緻地確定了下來。儘管人們的生活狀態起伏不定和變化多端，但到了人生的最後，我們看到的是一個統一體 —— 這裡面有著某種確切的和諧一致。雖然某一確切的命運在隱祕地發揮著作用，但這命運之手仍然清晰可辨；外在影響或者內在衝動伴隨著它而動，甚至相互矛盾的原因都常常結合起來向著這命運之手的方向活動。不管人生進程如何迷惘、混亂，動機和方向總會顯示出來。』」

第十二章　叔本華教授講「悲觀主義」

「一旦我們領會到這種超驗宿命論之後，並且我們真的從這一觀點出發審視自己的一生時，我們便會發現在發生的一件事情裡面，明顯物理上的偶然性與某種道德的、形而上的必然性結合在一起，相映成趣；但後者永遠無法加以論證和說明，我們只能運用想像去理解。如果我們仔細思考一番，我們或許就可以發現在我們每個人的生活當中都不乏類似的情形，只是沒有那麼重要和明顯罷了。」

「因此我們不得不得出這樣一個論斷：一定有某種不可解釋的祕密力量，在引導著我們生命進程中的轉折和變化。而在很多時候，它的引導卻與我們當時的目標和打算背道而馳。但這種引導和我們生活的客觀整體和主觀目標卻是相互一致的，因而也就促進了我們的真正利益。」

「同時，這一力量還必須以一條貫穿一切事物的無形線繩，把那些不曾被因果鏈互相連接起來的事物結合起來，只有這樣，這些事物才可以在必要的時候走到一塊。因此，這種力量完全主宰著現實生活中的一連串事件，就猶如一部戲劇的作者主宰著他戲劇中的事件一樣。」

「在座的同學們可以從這一論斷出發，去認真地審視一下自己已經走過的人生歷程，相信會發現一些之前從未感受到的奇妙感覺。」

第十三章

尼采教授講「權力意志」

第十三章　尼采教授講「權力意志」

　　本章主要介紹了哲學家尼采的哲學思想，尼采的「超人哲學」向來擁有很多追隨者。尼采論述的超人實際也是一種人，而並非一種神，到處宣揚殺死上帝的尼采，將在這裡為讀者展現「權力意志」的強大。

　　尼采是德國著名哲學家、語言學家、文化評論家、詩人、作曲家、思想家，被認為是西方現代哲學的開創者，他的著作對於宗教、道德、現代文化、哲學，以及科學等領域提出了廣泛的批判和討論。尼采對於後代哲學的發展影響極大。尼采的主要著作有《權力意志》（Der Wille zur Macht）、《悲劇的誕生》（Die Geburt der Tragödie aus dem Geiste der Musik）、《不合時宜的考察》（Unzeitgemässe Betrachtungen）、《查拉圖斯特拉如是說》（Also sprach Zarathustra）、《希臘悲劇時代的哲學》（Die Philosophie im tragischen Zeitalter der Griechen）、《道德譜系學》（Zur Genealogie der Moral）等。

第一節　「小強」為什麼打不死？

　　在經歷過叔本華教授的悲觀主義教育之後，顧夢萍和同學們似乎都像是被一陣寒風侵襲過一樣，失去了往日的樂觀開朗。看樣子叔本華教授所講的內容確實是深入人心的，但對於顧夢萍來說，如果再經受一次那樣的悲觀主義教育，自己可能就真的陷入悲觀情緒之中了。所以顧夢萍始終克制著自

己，不去回憶叔本華教授所講述的內容，只希望在新的一週能夠接觸到新教授的哲學教誨。

顧夢萍和同學們早早來到了講堂之中，但過了好長時間，講堂之中已經坐滿了人，講臺之上卻依然沒有出現講課的教授。難道這週的課程要停上了嗎？難道是講課的教授臨時出了什麼事情嗎？同學的討論聲迴蕩在整個講堂之中。

「我真的是太過幸運了，剛剛竟然看到了我的偶像。我說你們真的是厲害呀！你們是如何做到這一點的啊？」一個蓄著大鬍子的人從後臺走了出來，嘴裡還時不時地嘟囔著什麼話。

「從年輕的時候我就一直崇拜叔本華，當我最初看到他的《作為意志和表象的世界》（Die Welt als Wille und Vorstellung）時，我有一種強烈的感覺，我覺得這本書就是為我而寫的，對於教授在書中所提到的生命意志的觀點，在我看來也是非常值得研究的。」

「看樣子你們已經學習過叔本華教授的課程了，事實上我的哲學方面的觀點與叔本華教授的哲學觀點存在一定的相通之處。那麼我也就延續他所講過的內容，來開始我們今天的課程吧，這樣在理解上大家可能也會顯得更加容易一些。」

難道這位教授也要講一講悲觀主義嗎？雖然看上去這位教授要比叔本華教授更加充滿激情，但是對於顧夢萍來說如果沒有一針強心劑的話，她可能很難繼續承受新一輪「悲觀的打擊」了。

「雖然我是叔本華教授的崇拜者，但是在哲學觀點方面我們還是存在很多不同的，即使是統一方面的內容，我們在觀點上也是存在明顯的差別的。

第十三章　尼采教授講「權力意志」

首先我十分認同叔本華教授關於意志和表像兩個世界的論斷，但是與其不同的是，我並不討厭表象的世界，我更細化在個體痛苦之中尋找本體與現象的統一。」

「而在另一方面，我並不是很認同叔本華教授關於否定和滅絕生命意志的觀點，在我看來，人類擺脫痛苦的方式應該更加積極。我並不否認人生的悲劇性和固有的痛苦，但在我看來，即使要冒著個體毀滅的痛苦，我們也要透過努力打拚和創造來賦予整個世界和自己的人生以新的意義。我們要成為『英雄』，我們更要成為『超人』。」

「我將自己的這種帶有積極意義的生命意志本體論稱為『權力意志』的本體論。在我看來，酒神精神就是一種生命意志的象徵。酒神祭之作為一種滿溢的生命感和力感，在其中連痛苦也起著興奮劑的作用，哪怕是在它最異樣、最艱難的問題上，生命意志在其最高類型的犧牲中，為自身不可窮竭而歡欣鼓舞，我把這稱為酒神精神。」

「在人的身上，沒有比這更古老、更強烈、更無情、更不可能克制的本能了，因為這本能恰恰是我們人類的本質。生命意志的運動雖然是以個體生命的毀滅為代價，但個體生命的毀滅卻並非是對生命意志的否定。正相反，它恰恰在不斷促生著新的個體生命，從而導致宇宙生命的生生不息、永恆運行。」

「我認為，人類從生存之中，之所以能夠獲得最大成果和最大享受的祕密正是生活在險境之中。而酒神精神便是一個重要的標誌，這是一種支配自己的精神，它會使你變得堅強。所以在座的各位可以發現，我所說的權力意志雖然也是生命意志，但卻並不是一種求生命的意志，而是一種求權力的意志，也是一種追求擴展和超越的意志。」（見圖 13-1）

釋放自己的力量，去追求強力意志吧。

圖 13-1　權力意志

「不僅是人類如此，自然界之中的生物也是一樣，生物所追求的首先是釋放自己的力量，其生命的本身就是一種權力意志的展現。」

「啊！蟑螂！」正當臺上的教授講的興起的時候，講堂之下去掀起了一陣女孩子的尖叫聲。尖叫聲打斷了教授的講述，女生周圍的男生迅速拿起書本向桌上的蟑螂砸去，男生的動作很快，一擊命中，但當他拿起書本之時，蟑螂卻依然活著，而且四處亂竄。這又引起了另外的一番尖叫。無論男生們如何追打，卻依然無法消滅這隻小小的蟑螂。

「好了，同學們看到了嗎？在這隻蟑螂的身上所表現的，正是一種權力意志，所以無論同學們如何去消滅它，它都會以一種強大的生命力量繼續存活下來。在這裡，同學們所看到的不僅是一種追求生命的意志，同時也是一種追求權力的意志。」

「從肉體的層面上來講，權力意志可以分化為追求食物的意志、追求財產的意志、追求工具的意志和追求奴僕和主人的意志。而在精神層面上，權力意志則會表現為陶冶的意志、同化的意志等其他不同的形式。」

「整個世界的本質就是權力意志，世界就是一種巨大無比的力量，它無始無終。同時也是一種常駐不變的力量，永不變大變小，也從不消耗，而只是隨著時間的流轉而改變其形態。世界就像是一個充滿了奔騰氾濫力量的海洋，永遠都在流轉易形，在無窮的歲月回流之中，它變換著各種形態。」

第十三章　尼采教授講「權力意志」

「權力意志是一種本能的、自發的、非理性的力量，它決定著生命的本質，同時也決定著人生的意義。權力意志來源於生命，同時也會回歸生命之中，它就是我們現實的人生。雖然人生短暫，但是只要具有權力意志，我們便能夠成為精神上的強者，就能實現我們自己的價值。世間萬物都有強弱之分，這個世界是屬於強者的，只有強者才能夠獲得更多、要求更多，所以在座的同學們，快成為強者吧！」

第二節　認識自己才能拯救世界

聽完了一整節課程，顧夢萍才發現，這位激情滿溢的教授，正是那位偉大的尼采教授。對於尼采，顧夢萍還是有著一定的了解的，但這也往往侷限在書本上的具體知識。能夠如此近距離地聆聽尼采教授的講課，感覺還是非常不錯的。顧夢萍可以感覺出來，在尼采教授的身上正是存在一種權力的意志，要怎麼形容呢？顧夢萍覺得臺上站著的是一個「狂熱的」尼采教授。

「我們繼續接著前面的內容來講，前面我們講到了權力意志的內容，下面我們繼續來講如何去透過權力意志來認識世界。在這裡，我有必要向大家介紹一下我對於這個世界的認識。」

「在我看來，真實世界是並不存在的，而關於『真實世界』的虛構則源於理性的原罪。我認為存在是一個空洞的虛構，而『假象』的世界則是唯一的世界，『真實的世界』只是編造出來的。這種『假象』的世界離不開人的感覺，其實一個加工改造過的世界，是我們感覺的現實世界。同時與這個『假象』世界相對的也並非是『真實世界』，而只是一片混亂，毫無心態，同時也是無法表述的感覺世界。」

「在了解了我所說的世界之後，我們還應該知道，人類的認知、例子、邏輯等都不過是生命本能和權力意志的產物而已，它們只是服從於本能和意志的需求，充當其工具而存在。正是人的生命保存和肉體生存方式決定並且產生出了人的理智和認識方式。就如思維一樣，大部分自覺思維都必然屬於本能的活動，即使是哲學的思維也是如此。」

「所以在我看來，人類的認知過程只是人透過直覺體驗自己生命和權力意志的過程。而人想要去認識權力意志的永恆運行和流變，就只能透過認識自己去實現。透過不斷克服和超越自我，人類才能夠體驗到生命力的強大和充溢。人的認識將會隨著權力意志的增加而不斷增加。」

「由於人的權力意志是整個世界權力意志轉換和流變的一個部分，所以人類認識世界的程度與人類認識自己的程度存在密切的關係。也可以說，人類能夠揭示世界的深度和人類對自己極其複雜的驚訝程度是相一致的。人類除了自己以外也就再也沒有其他的通向世界的道路了。」

「說到這裡，我們先來談一些無關的話題，其實也並非是無關的話題，這些話題正好可以作為前面我所講述的內容的一些例證。我知道，現在的大家都比較喜歡超級英雄，那些超級英雄可以上天入地，似乎無所不能。但是不知道大家有沒有注意到一個問題，在成為超級英雄之前，這些人似乎都經歷了一個重要的過程。對於這一點，有了解的同學可以談一談自己的想法。」

「在我看來，大多數超級英雄都經歷了一種改造的過程，或者說大多數超級英雄都成為過試驗品。像是美國隊長、金剛狼或是綠巨人，都屬於被改造之後才成為超級英雄的。所以改造應該算是一個重要的過程，雖然在大多數時候，這些改造並非出於他們自身的意願。」一位抱著書本的男同學回答道。

「顯然，這位同學是經過了認真思考的，他從眾多超級英雄的經歷之中

第十三章　尼采教授講「權力意志」

總結出了改造這一過程。事實上的確如此，改造確實是大多數人成為超級英雄的一個重要過程，這裡面的內容，我們將會放到下節課之中講述。而在這裡，改造顯然並不是我想要的答案，但這位同學的最後一句話似乎可以供其他同學參考一下。」

尼采教授否定了第一個同學的答案，同時也為其他同學提供了一種新的思考方向。在顧夢萍看來，一般來說，回答這種問題往往要結合具體的情境。而現在的情境就是尼采教授剛剛講的關於認識世界、認識自己、權力意志等方面的內容，所以既然尼采教授在這種時候提出這一問題，顯然不會跳脫出他所講述的內容。

「與其說改造是成為超級英雄的重要過程的話，不如說每一個超級英雄都有一個自我認知的過程，或者說是自我認可的過程。為什麼他們會成為超級英雄？不僅僅因為他們具有異於常人的能力，更重要的是他們承擔起了作為超級英雄的責任。我們在判斷一個人的行為時，首先要考慮這個人為什麼會做出這樣的行為。在我看來，是從思想上他們已經完成了對於自己身分的認知，所以才會去進行作為超級英雄的行動。其實，在電影之中，也有很多地方展現出了這一點。」又有一位同學說出了自己的看法。

這一連串的論述打斷了顧夢萍的思緒。仔細想來，這種論斷似乎與顧夢萍所想的存在一定的相似之處。如果要自己來回答的話，顧夢萍似乎並沒有信心能夠像這位同學一樣，將語言組織得如此具有邏輯性。

「這位同學的論述十分精彩，可以說關注到了那些容易被他人忽視的細節，而我所要繼續講的，也正是這一方面的內容。我們說到認識自己是通往『假象』世界的一個重要通道，那麼具體而言要怎麼去做呢？這就要像前面這位同學所說的，如電影之中的那些超級英雄一樣，經歷一個重要的過

程了。」

「那麼我們該如何找回自己、認識自己呢？如果說兔子有七張皮，那麼，人即使脫去了七十乘七張皮，也仍然不能認為這就是真正的你，這便不是外殼了，因為以此種方法挖掘自己是十分危險的，不僅容易使自己受傷，同時也會走入無醫可治的境地之中。」

「認識自己其實就是返視自身，借由回憶而回到自己的內心世界之中，從而體驗自我心靈之中的權力意志的運行。這裡有一個方法，我們需要思考幾個問題：迄今為止真正愛過什麼？什麼東西曾使得你的靈魂振奮？什麼東西占據過它，同時又賜福予它？」

「我們不妨為自己列舉一系列受珍愛的對象，然後透過其特性和順序，我們便可以發現一種法則，這是一種關於我們真正自己的法則。同時再將這些對象進行比較，我們便會發現它們是如何相互補充、擴展、超越，然後組成一個階梯，使我們能夠朝著自己的目標一步步攀登的。」

第三節　上帝已死，超人歸來

「在前面的課程之中，我們留下了一個問題，要放在這節課堂之中講解。在解答那個問題之前，我需要先向同學們講述我的另外一個哲學觀點。在講解這個哲學觀點的過程中，我會順便為大家解答前面課程中留存下來的問題。」

「首先，我必須要說的是，上帝已經死了，我親手弒死了它，這樣一來世間的一切便失去了意義和目標。我這樣做有錯嗎？完全沒有錯，因為只有這樣，我們才能夠擺脫一切道德價值，我們需要重新估價一切有價值的東西。

第十三章　尼采教授講「權力意志」

在我看來，這就是我關於人類最高自我認識行為的公式，他已經成為我心中的天才和血肉。」

「人類與動物的區別是什麼？生活習慣嗎？形體特徵嗎？不！人與動物最根本的區別在於人是一種『尚未成型的動物』，正因如此，人類才有著更多自由發展的餘地和無限多的可能性，這樣人類才能夠不斷地創造和發展自己的本質。」

「人的創造性又在哪裡呢？人的創造性在於不斷創造高於自身的本質，從而達到一種自我的超越和種族的進化，這正是依靠權力意志作為動力的。創造一個比我們自己更高的本質即我們的本質。超越我們自身！這是生育的衝動，也是創造的衝動。正像一切意願者以一個目的為前提一樣，人也以一個本質為前提，這本質不是現成的，但是為人的生存提供了目的。」

「既然上帝已經死了，人類就要自己尋找生存的目的和意義，而創造正是一個最為重要的目的所在。我將這種引導人類不斷超越自身目標的更高的本質稱為『超人』，『超人』是一種不同於傳統的和流行的道德的一種新的道德，也是最能展現生命意志的人，更是最具有旺盛創造力的人，是生活之中的強者。」

超人不是Superman，但他們看上去確實都「Superman」。

「在這裡，我必須要更正一下大家的固有印象。當我提到『超人』時，大家所想到的應該是超級英雄電影之中的那個『超人』。事實上，從我的標準來說，大家所認識的超人，並不是我在這裡所說的『超人』，但在

圖 13-2　超人也是人

另一種層面上，作為超級英雄的超人，又有著一些我所提到的『超人』的特徵。」（見圖 13-2）

「在我看來，『超人』需要具備幾方面的重要特徵。首先，超人是人類生物進化的頂點，是人類物種之中最為優秀的部分，與其他平庸的群體不能混為一談。其次，超人是天才，是真正的精華，他們最有力、最雄厚，也最有膽量。同時超人還具有統治一切的企圖，而絲毫沒有膽怯懦弱的性格。」

「在另外一些方面，超人喜歡與強者做競爭，並且以冒險為愛好。作為一種至上的道德理想，超人又是真理和道德的化身，他們為人類立法，是規範和價值的創造者與佔有者。但擁有著絕對自由的超人，卻又是自足而自私的，他們不會加入平庸者的隊伍之中。當然，忍受孤獨和痛苦的折磨，是超人必須經歷的階段，他們依靠權力的意志，忍受痛苦的煎熬，然後在痛苦之中崛起重生。」（見圖 13-3）

圖 13-3　超人的特質

「我所說的『超人』至少要具備這些基本的特徵，所以可以看出，大多數超級英雄似乎都不具備上述特徵。而在我看來，凱薩大帝和拿破崙可以被看作超人的雛形。既然『超人』作為人類世界的最高價值目標，那麼究竟該如何創造超人呢？關於這個問題，我的答案是要有一個適宜的環境。」

「這個適宜的環境要怎麼來理解呢？在我看來，適宜的環境就是指一種險惡的環境，而超人則需要在這裡生存、成長。惡劣的環境可以淘汰掉弱者，

從而留下強者，環境越是惡劣，超人出現的機率也就越大。」

「在座的各位可以仔細地研究一下那些最優秀、最有成效的人的生平，然後再反躬自問：一棵參天大樹如果昂首於天宇之間，能沒有惡劣的氣候和暴風雨之助嗎？外部的不善和對抗、某種仇恨嫉妒、頑梗疑惑、嚴酷貪婪和暴戾，是否不算順利環境之因素呢？沒有這種順利的環境，甚至連美德上的巨大長進也不可能。」

「如果要我來形容『超人之路』，那可能是一條充滿了血腥味道和恐怖氣氛的道路，在這條道路之上，時時刻刻都會出現超越你們的人。一旦當你踏入其中之時，你就必須奮力向前進，你所面對的只有超越別人，或者是被別人超越，當然，你要做的應該是不斷地超越自己的本質。」（見圖 13-4）

電影世界中的超人　　　　尼采心中的超人

圖 13-4　「真假」超人

「在我看來，人類對於猿類的超越就是一次很好的例證。我們可以看到，並不是所有的猿類都成了人類的模樣，這與成為『超人』一樣，在眾多人類之中，真正能夠成為『超人』的只有少數的勇敢者和創造者，只有權力意

志數量多、質量高的人，才能攀援那懸浮於深淵之上的繩索而抵達光輝的彼岸，成為超人。」

「正像猿類已經被人類超越了一樣，人類最終也將會被『超人』所取代，超人是人類存在的目的和意義，所以每一個人類都應該積極地、勇敢地向著『超人之路』邁進。」

第四節　只有藝術才能拯救人生

「在來上課之前，我和叔本華教授暢談了很多，但由於時間的問題，我還有很多方面的看法沒有和他談起。正如上面的課程一樣，我的哲學觀點在某些方面與叔本華教授有著共通之處，而同樣也在很大程度上有著出入。除了前面所講到的內容外，在對於悲劇的態度方面，我的觀點與叔本華教授也是截然不同的。」

「在這節課之中，我將會從整體藝術的角度來談一談悲劇對於我們人生的一些積極的作用。這也正是叔本華教授在其課程之中所沒有涉及的內容，所以同學們可以從不同的角度來審視這同一個問題。然後去自己思考，究竟從哪一個角度去解讀會更好一些。」

「其實從我個人來講，在我當時所接觸的藝術之中，古希臘的藝術是最為吸引我的。在我看來，古希臘的藝術並不是產生於希臘人精神上的靜穆與和諧之中，而是在他們意識到人生極度痛苦和難以遏制的衝突時才產生的。」

「這一點大家可以思考一下自己，是在內心靜如止水的時候更有藝術表達的靈感，還是在內心悲憤交加的時候更有藝術表達的慾望呢？答案是很清楚的，很多時候，在我們的內心悲憤交加時，藝術將會成為我們情感宣泄的一

個重要途徑。而當我們心無旁騖之時，我們的大腦也會像被清空了一樣，沒有什麼可以表達的東西。」

「希臘人是智慧的，所以他們懂得生命困難的本質。但是他們卻並沒有因為人生的悲劇本質而變得憤世嫉俗，也沒有因為生存的荒誕不經而陷入絕望和毀滅之中。相反，他們找到了自己的救贖之路，他們選擇用藝術來裝填自己的生命，從而為這種悲劇性的生命尋找到了一種存在的意義和理由。」

「在我看來，希臘人知道並且感覺到了生存的恐怖和可怕。為了能夠活下去，出於一種至深的必要，所以他們必須創造出一些神。藝術作為一種誘使人們活下去的補償和促成生存的完成而出現，而人們則透過藝術來使人生和生命變得審美化，從而使現實的苦難變成一種生命的愉悅感，只有作為一種審美現象，人生的世界才會顯得是充滿理由的。」（見圖 13-5）

> 藝術的魅力不在於精彩，而在於可以讓人的心靈得到生活，從而使人的生活得到拯救。

圖 13-5　藝術的魅力

「在希臘人創造的眾多神之中，我從日神和酒神的身上發現了兩種精神。正是這兩種精神充盈了人的生命本能，同時也引發了藝術的產生。」

「日神精神可以說是一種夢幻的體驗，它能夠使人進入夢境世界之中。沉浸在夢境世界美妙幻想中的人。將會忘卻痛苦、忘卻人生。從而不再去探索世界的本來面目以及人生的本質，只是依靠夢境來體味人生。具體來說，日

神精神是使人沉浸在美妙的夢境之中，從而忘記人生的苦難本質，而隨之產生的日神藝術則為人們找到了生存的理由。」

「如果說日神藝術為人們找到了生存的理由的話，那麼酒神精神則為人生找到了其意義之所在。酒神精神是人在喝醉之時的一種表現，這時個體將進入一種痛苦和狂喜的狀態，從而達到一種忘我的境界。酒神精神將破除人們對於外觀的幻想，讓人們面對人生的苦難和悲劇性質，從而達到一種對生命的肯定。我認為酒神精神是一種永恆的本質的藝術力量，而酒神藝術則會使人們穿越表面現象從而達到與生命本源的融合，最終感悟到生存的永恆樂趣。」

「在古希臘的神話人物之中，伊底帕斯和普羅米修斯的故事可以很好地證明我在上面所談到的兩種不同的精神。對於這兩位神話人物的故事，相信大家並不陌生，所以在這裡我就不再過多贅述。我要說的是這兩位神話人物與兩種精神的相關之處。」

「伊底帕斯可以說是日神式悲劇的典型代表了，無論他如何想要掙脫命運的束縛，但卻始終無法躲避命運帶給他的災難，他是一個被命運驅使著的悲劇英雄。而普羅米修斯則不同，在他的身上，我們看到的是一種主動的反抗意識，為人類盜取天火，使自身遭到了懲罰。雖然在結果上並不完美，但在他的身上卻充分展現了酒神的精神，同時也展現了其自身生命的價值所在。」

「藝術具有巨大的魅力，以至於許多人都為之著迷。在我看來，藝術的魅力就在於它可以將生活之中的苦痛和悲劇透過審美的功能轉化為一種審美現象，而在這個過程中，人們可以從中獲得審美的快感，使自己的心靈得到昇華，讓自己的人生獲得拯救。」

第十三章　尼采教授講「權力意志」

「藝術可以使人類的靈魂得到淨化和提升。日神藝術可以透過創造美麗的幻象來使世人沉浸其中，從而形成美的享受，達到身心的愉悅。而酒神藝術讓被日神藝術所掩蓋的人類苦難的本質顯現出來，雖然這是一種悲劇藝術，但它同樣能夠讓人類產生一種審美的快感，甚至還可以在痛苦乃至毀滅之中體驗到一種特殊的最高快感。」

「所以在這裡我推崇悲劇，也推崇酒神精神，正是因為酒神精神之中那種悲劇的美，為我們消解了人生的苦難，也給了我們生存下去的勇氣。而這種藝術在消解了痛苦之後，帶給我們的就是人生的樂趣，以及繼續生存的動力。」

「我們應該認識到存在的一切必須準備著異常痛苦的衰亡，我們被迫正視個體生存的恐怖 —— 但是終究用不著嚇癱，一種形而上的慰藉使我們暫時逃脫變遷的紛擾。悲劇的藝術需要我們直視人生的苦難和折磨，更需要我們擁有強大的意志力，如果做不到這一點，那我們便沒有辦法從悲劇藝術之中體會到那種悲劇的快感。」

「在我看來，藝術，除了藝術別無他物，它是使生命成為可能的偉大手段，是求生的偉大誘因，是生命的偉大興奮劑。」

第十四章

杜威教授講「教育哲學」

第十四章　杜威教授講「教育哲學」

　　本章主要介紹了哲學家杜威（Dewey）的哲學思想，杜威在教育哲學方面有著很高的建樹，在杜威的教育思想中，不僅提到了教育的本質，同時還詳細闡述了教育的方方面面。本章將杜威的教育思想與現代亞洲教育實踐相結合，不僅能夠讓讀者了解到杜威的教育思想，同時也能夠讓讀者對當代亞洲教育的發展現狀產生一種更深刻的認識。

　　杜威是美國哲學家、教育家，實用主義的集大成者。他的著作很多，涉及科學、藝術、宗教倫理、政治、教育、社會學、歷史學和經濟學等方面，使實用主義成為美國特有的文化現象。

第一節　教育是什麼？

「聽說今天來的教授有些特別啊！」顧夢萍和幾個同學邊走邊聊著上週聽來的小道消息。但實際上，除了知道這個教授有些特別之外，他們沒有獲得任何一點其餘的訊息。所以在一大早，幾個人便匆匆忙忙地往講堂趕，生怕自己搶不到好的座位。

事實上，雖然他們比平時來得都早，但讓他們驚訝的是，講堂中已經幾乎坐滿了人。幾個人只得找到了一個遠離講臺的角落坐下，剛剛坐下，顧夢萍便發現了今天來聽課的人與往常有著很大的區別。

很顯然，雖然學生的數量並沒有減少，但是教授的數量卻增加了很多。仔細看來，顧夢萍還發現了保全李大哥的身影。如果不是提前知道自己是來上哲學課的，顧夢萍還會以為自己來到了家長會的現場。隨著越來越多的人湧入會場，一位戴著眼鏡的教授出現在了講臺之上，仔細看來，這位教授似乎與美國的某位總統在外形上有著很大的相似之處。

「很榮幸大家能來聽我的課，說起來，我已經不是第一次來到亞洲了。上一次來亞洲，正值中國『五四運動』期間，留在中國的兩年時間中，我充分見證了中國思想界的變革，以及中國社會的變革。當然，在中國的兩年時間也成為我學術研究生涯的重要組成部分。所以，再一次來到這裡，我是感到榮幸的。」

「現在的亞洲顯然已經發生了一種翻天覆地的變化，而值得慶幸的是，這種變化是積極的、向上的，更是利於人民的。雖然我的教育思想大多是基於我所生活的年代，但是在我看來，這些思想對於現在亞洲的教育發展還是有著一定的借鑑意義的。所以，我很願意在這裡再一次為大家分享一些我的教

第十四章　杜威教授講「教育哲學」

育理念，希望能夠對大家的學習生活有所幫助，同時對於亞洲的教育發展有所幫助。」

　　在臺上教授不斷演說的過程中，顧夢萍的大腦也開始飛速旋轉起來。雖然她的專業是哲學，但是對於歷史，尤其是民國初年的歷史，顧夢萍可是能夠做到如數家珍般的地步了。經過了一番腦力激盪之中，將「五四運動」、「教育」和「兩年」等關鍵字連接在一起，顧夢萍輕鬆認出了講臺上的人正是杜威教授。

　　「哎，原來臺上的教授是杜威啊，還是胡適的教授呢。」坐在顧夢萍旁邊的女生拿出手機，很快便搜尋出了教授的訊息，這種突如其來的打擊讓顧夢萍的得意瞬間煙消雲散。伴隨著杜威教授的聲音，顧夢萍很快從失落之中恢復了過來。

　　「在第一節課程中，我首先要與大家分享的是關於『教育是什麼』的一些思考。『教育是什麼？』的問題是在談論教育哲學時一個不能迴避的問題。在我看來，人類不同於一般的動物，人類是社會性的動物。而社會的組成則是因為大家具有彼此可以互通的信仰、理想、情感等因素，如果缺乏了這些因素，人們即使長期處在同一片區域之中，也很難形成真正的社會。」

　　「那麼我們該如何養成這些精神的因素呢？當然，人與人之間彼此的關聯和溝通是必不可少的，而這之中便需要教育來為人與人之間的溝通和關聯搭建橋樑。從人類的角度來說，理想、希望、快樂和痛苦的重新創造，伴隨著物質生存的更新。透過社會群體的更新，任何經驗的延續都是實在的事實。而教育則是它最廣意義上就是這種生活的社會延續。」

教育就是生活，那些大學畢業還無法自理的學生，並不能算是合格的受教育者。

圖 14-1　合格的教育

圖 14-2　教育就是生活

「所以基於上面的觀點，我認為教育就是生活。而作為兒童，在生活之中會逐漸向著成熟發展，他們的能力也會一點一點提升。這種從沒有能力到擁有能力的過程，便是生長，同時也是一種發展。所以也可以說，生活就是發展，不斷發展，不斷生長，就是生活。」（見圖 14-1 和圖 14-2）

「我們又可以說，教育就是生長，教育就是發展。我們應該將教育的過程看作一個不間斷的生長過程，教育必須循序漸進地實現現在的可能性，從而使個人能夠更加適應後來的發展要求，從而更好地走向未來。」

「這種生長，在另一種程度上，我們又可以將其稱為經驗的連續不斷的改組和改造。所以對於兒童的教育，就應當讓兒童適應環境，同時形成適應變化不定的社會需要的能力，從而在生活、生長，以及經驗改造的過程中獲得知識、能力和思想，適應逐漸變化發展的社會，成為能夠推動社會發展的有用之材。」

「其實，對於『教育是什麼？』這一問題，教育學界存在著多種不同的觀點，但是在我看來，這些觀點或多或少都是存在一定的侷限性的。有一種學

說認為『教育是為成人生活做準備』，在我看來，這種學說的弊端在於生硬地將成人的學說灌輸給還不具備理解力的孩子，完全忽視了孩子的生長發展過程的合理性。」（見圖 14-3）

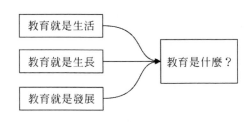

圖 14-3　教育的內涵

「還有一種學說認為『教育是為了訓練個人的心智慧力』，在我看來，這一點也是存疑的。這種學說認為，人類天生具有記憶、想像等天賦能力，教育則是為了培訓諸如記憶、想像等心智慧力。首先，我們並不確定人類是否先天具有上述的天賦能力。其次，這種學說同樣也忽視了兒童的生活、生長的過程。而且即使人類具有這些天賦能力，培訓這些天賦能力也必須要在生活過程之中進行。」

「所以在我看來，教育就是兒童的生活過程，而不是將來生活的準備。最好的教育就是從生活中學習、從經驗中學習。所以教育過程在它自身之外是別無目的的，教育的目的往往就蘊含在教育的過程之中。」

第二節　學校是什麼？

「在前面的課程中，我們講了教育是什麼的問題。而在今天的課程之中，我們繼續沿著前面的課程，來探討一下另一個教育哲學之中的重要問題，那就是『學校是什麼』的問題。」

聽到這個問題，顧夢萍感覺到有些意外，教育作為一個抽象的概念，我們討論它是什麼，還說得過去。而學校作為一個實體的存在，我們去討論它是什麼的問題，又有什麼意義呢？難道說這裡所說的學校和實際存在的學校有什麼不同之處嗎？

「可能同學們會感到有些意外，我們明明就處在學校之中，它也實實在在地存在於我們的生活中，那麼我們還有必要去探討它是什麼嗎？在我看來，這是十分有必要的，與『教育是什麼』的問題一樣，『學校是什麼』這個問題同樣需要我們的研究和探討。這一點不僅對於教育工作者而言重要，對於各位同學來說也是十分必要的。」

「那麼，下面我們便開始進入正題之中。前面我們提到教育就是生活，是一種社會化的過程，所以從作用上來看，學校就應該作為一種社會生活的形式而存在。學校應該呈現現在的生活，對於兒童來說，則是要呈現他們真實而又生氣勃勃的生活。這種生活要像他們在家庭裡、在鄰里之間，或者是在運動場上所經歷的生活一樣。」

「這一點要怎麼來理解呢？在我看來，學校不應該成為兒童們的象牙塔，從而將他們與現實生活隔絕開來。雖然說這對於心智還沒有健全的兒童來說算得上是一種保護措施，但在相當程度上，這也會成為制約兒童社會發展的桎梏和枷鎖。」

學校要成為一個虛擬的社會，但要盡量隔絕社會之中的流弊。不要讓學生走出學校後卻沒有辦法融入社會。

圖 14-4　學校即社會

第十四章　杜威教授講「教育哲學」

「我們可以看到現在教育上的很多失敗，都是忽視了學校作為社會生活的一種形式這一重要的原則。無論是在這裡，還是在世界上其他的一些國家，現代教育者們都將學校看作一個傳授知識，或者學習某些課程，養成某些習慣的一個訓練場。他們希望在這裡為兒童提供集中而又全面的訓練，從而為兒童的未來做好準備。」（見圖 14-4）

「但是，那些已經走入社會的人會發現，經過了學校的教育，他們雖然在心智和能力上都已經發展成熟。但是對於社會生活，他們卻並不能夠做到得心應手。這是為什麼呢？有些兒童在上學之前，就能夠與大人自由自在地暢談，雖然這種暢談並沒有過多的智慧成分。而從學校走入社會之後，他們卻變得不像原來那樣可以與別人自在地暢談了，對於這種現象，我們不得不從學校方面去尋找原因了。」

「在一八九六年，我創設了芝加哥實驗學校，這所學校的學生大多是四到十五歲的兒童。我將實驗學校的教育和教學工作分為三個不同的階段，然後按照學生的年齡劃分為 11 個不同的班級。」

「首先，第一階段之中，包括一班（四歲）、二班（五歲）、三班（六歲），在過渡階段，四班（七歲）、五班（八歲）。其次，在第二階段，六班（九歲）、七班（十歲），在過渡階段，八班（十一歲）、九班（十二歲）。最後，在第三階段，十班（十三歲）、十一班（十四到十五歲）。根據每個階段、每個班級的不同，我們安排了不同的活動環境和課程教育方法，從而更好地適應和滿足不同年齡兒童的興趣和需求。」

「值得注意的是，在實驗學校的組織方面，我認為有幾點是其他學校應該借鑑的地方。首先，實驗學校並沒有像一般學校那樣，分別設立幼兒園和小學，而是將兩者合而為一，同時還加入了一定的中等教育。目的在於能夠

保證兒童受教育的連續性。其次，實驗學校在組織方面，走出了一條大膽嘗試、獨闢蹊徑的道路，而這條道路則是完全以兒童心理發展為基礎的。」

「我將實驗學校假設成一種社會生活的形式，從而使『個人因素和社會因素』相互協調和平衡。讓學生將學校當作家庭。學生在家庭之中的活動，同樣也可以在學校中進行。可以說這裡的學校生活就是家庭生活的一種簡化和有秩序地繼續。」

「在具體的『課程』布置上，四歲和五歲的兒童主要是交替進行唱歌和遊戲，同時也會進行一些相應的手工勞動。而六歲的兒童則主要進行一些家庭服務的社會性工作，他們學習的重點是關於農場的糧食作物和在烹飪中觀察熱量對食物的作用的實驗。同時在活動之中，兒童還會透過戲劇來表演認識的新進展。」

「七歲的兒童則以基本作業的歷史發展學習為中心，同時特別側重對於發明和發現產生的影響的探索。八歲的兒童則將會從研究腓尼基探險家開始，一直研究到馬可波羅、哥倫布等世界偉大的航海家的探險之旅，最後進入世界地理大發現的研究之中。」

「所以，在我看來，學校應該『成為一個小型的社會，或者說是一個雛形的社會。』學校就應該將現實的社會生活簡化為一個雛形的狀態，從而呈現兒童的社會生活。這其中又有兩個層面的意義：首先是學校本身必須是一種社會生活，它要具有社會生活的全部含義。其次，則要求校內的學習應該與校外的學習相互連接，從而產生一種自然的相互影響。」

「但從另一方面來說，學校作為社會生活的一種形式，卻並不意味著其只是社會生活的一種簡單重現。學校與社會之間還是應該存在一定的不同之處的，在我看來，這種不同至少要展現在三個方面：一是簡單整理所要發展的

傾向的各種因素；二是把鄉村的社會風俗純化和理想化；三是創造一個比青少年任其自然時可能接觸的更廣闊、更美好、更平衡的環境。」

第三節 義務教育的理想結局

「談完了教育和學校的概念之後，我們有必要對於『教育的目的』進行一番探討。只有在了解了教育的目的之後，教育的雙方才能夠容易開展自己的工作。而在座的各位也能夠更好地理解後面課程之中我所要講述的內容。那麼，教育的目的究竟是什麼呢？在座的各位對於這個問題有什麼看法可以自由表達一下。」

雖然教育這個詞與自己相距得並不遙遠，但是對於顧夢萍來說，「教育的目的是什麼」這個問題卻與自己相隔甚遠。可能是由於自己並不是教育專業的學生，所以對於教育並沒有太過深入地研究。但作為受教育的一分子，顧夢萍也不知道該如何去回答這個問題。

「教育的目的在於培養對社會、對國家的有用之材，這種人才應該在智力水準和道德水準方面都具有勝於常人的優勢。而這種優勢往往並不是先天便有的，更多是在後天的學習之中形成的。這裡所說的學習，是指教育的整個過程，而教育的目的也就是在其整個過程之中培養出有用的人才。」（見圖14-5）

教育要為學生指明方向，而不是把所有的學生都安排在一條道路之上。方向可以只有一個，但道路一定要多種多樣。

圖 14-5 教育是指向標

這樣一個標準的綱領性回答來自一個上了年紀的老教授，在回答完問題之後，老教授緩緩入座。隨著老教授的入座，講堂之中泛起了一片議論之聲，而後這種聲音又很快平息。看上去，對於老教授的答案，大家明顯是認同的。即使沒有認同，他們也找不出一個更加準確、更加合適的答案。

「從大家的反應之中，可以看出，對於這位老先生的回答，大家是認同的。但在我看來，教育的目的是要使個人能夠繼續他的教育而不是要在教育歷程之外，去尋找別的目的，從而把教育作為這個其他目的的附屬物。我認為，教育的自身並沒有什麼目的，而只有人、父母、老師才有目的。」

杜威教授的這一答案著實讓在場的同學們感到震驚，顧夢萍也是一下子沒有反應過來。難道說教育並沒有目的嗎？那麼我們還在這裡接受教育有什麼用呢？杜威教授的這一答案，讓顧夢萍的頭腦之中瞬間累積起許多問題，這也使得她對於杜威教授後面的講述聽得更加專注。

「上面的簡單論述可能在大家聽來有些驚訝，甚至並不理解。如果要詳細闡釋的話，在我看來，教育的目的就好像是一個人開槍，他的目的就是將槍對著鳥兒。但這裡的鳥兒只不過是一個記號，是為了讓我們對想要進行的活動能夠有所關注。正是這種記號使得整個開槍的動作都變得真實、具體，也更有意義。而教育亦即如此，教育歷程本身便已經具有發展個體稟賦的意義，教育的目標正是作為一種指引和導向。」

「當然，我這麼說並不是否認教育應該有一個良好的教育目的，而只是強調教育應該作為一種過程，造成指引和導向的作用，而不應該成為其他目的的附屬物。如果一個人想要透過教育成為富人，顯然這只是他個人的目的，而並非教育的目的。這時的教育已經成了他想要成為富人的一個附屬物，這樣來說，教育反而失去了它的應有意義。」

第十四章 杜威教授講「教育哲學」

「而像大家所說的教育應該有良好的教育目的，在我看來，教育應該具有以下幾種特性。首先，必須建基於個人的固有活動和需要智商。同時還要能變成實行的方法，與受教育的人的活動共同合作。而教育家則需要注意其中的所謂普通的與終極的目的。」（見圖 14-6）

教育的特性	必須建基於個人的固有活動和需要智商。
	還要能翻成實行的方法，與受教育的人的活動共同合作。

圖 14-6 教育的特性

「其實在大家曾經接受的義務教育階段的教育來說，其目的定位便非常明顯。一方面是為了使受教育的人成為一種定型的產品，而在另一方面，則是要提高受教育者的創造能力。但是在具體的實踐之中，義務教育對於第一方面目的的傾向似乎要遠高於第二方面目的的傾向。這一點也是大多數教育工作者需要面對的一個教育現實。」

「有人把感官視為一種神祕的筒子，以為我們能使知識經過這個筒子，由外界把知識輸入心裡去，以為只要使眼睛常常望著書本，使兒童常常聽著老師的話，就是求得完善知識的祕訣。這種方式只能達到知識的第一種教育的目的，它只能讓兒童成為一個勉強合格的產品，卻並不能成為一個真正具有創造能力的人。」

「正如前面我說到的一樣，教育就是成長。但真正的教育並不是透過灌輸式的教育方法為兒童補充食料，在這裡說成填鴨式的教育方法，大家可能會更容易理解一些。教育就是成長，而兒童的未長成狀態具有無限的動能和潛力，這需要正確的教育方法來引導，而不是一味地灌輸來讓其發展。」

第四節　從兒童抓起究竟該「抓」什麼

「『教育要從兒童抓起』，我很認同這句話，而我更喜歡將其稱為『兒童中心論』。我們的教育將引起的政變是重心的轉移。這是一種變革，這是一種革命，這是像哥白尼把天文學的中心從地球轉到太陽一樣的那種革命。這裡，兒童是中心，教育的措施便圍繞他們而組織起來。」

「在我看來，學校生活組織應該以兒童為中心，從而使一切主要是為兒童而不是為老師。現在的學校教育最大的弊端就是把學科看作教育的中心，從而忽視了兒童的主觀能動性。只要是成人認為是好的知識經驗，就硬把它灌輸給兒童，這種做法是十分錯誤的。」

杜威教授這種以兒童為中心的教育思想，在顧夢萍看來，更像是一種順應兒童天性的教育方式。根據兒童的心理及性格構成，從而制訂相應的教學計畫，而不是千篇一律按照統一的教學計畫來開展教學工作。雖然從想法上來看是十分正確的，但在具體的執行上面可能並沒有那麼簡單。

> 兒童教育既要把兒童當做兒童，又要把兒童當做大人。用遊戲和做工來鍛鍊兒童的本能。

「所以，我認為，學校的生活組織應該以兒童為中心。但是，這並不意味著老師就可以採取『放手』的政策，如果老師在教學過程中對兒童採取放任的態度。那麼，實際上他是放棄了對於兒童的指導責任，也就是放棄了他們自己的義務。」（見圖 14-7）

「教育的過程應該是兒童與老師一同參

圖 14-7　兒童教育

第十四章　杜威教授講「教育哲學」

與的一個過程，應該是雙方共同合作的過程。所以在整個教育過程中，兒童
和老師之間應該更加親密地接觸，從而使自身更多地獲得老師的指導。老
師身為集體的成員，具有更成熟的、更豐富的經驗以及更清楚地看到任何
所提示的設計中繼續發展的種種可能，不僅是有權而且有責任提出活動的
方針。」

「兒童在沒有接受教育之前，有一種天生的本能和性情，而教育就應該以
此為根據。在我看來，有兩種方法能夠用來訓練兒童的本能，一是『遊戲』，
一是『做工』。『遊戲』是兒童喜歡向某一方向發展的活動，而並不是一味
地玩耍。在教育過程之中，我們可以利用兒童喜歡模仿成人的活動，我們便
可以利用這種方式創造出許多有意義的遊戲，從而用這種最容易的方法向孩
子們灌輸更多實用的知識。」

「而在各類不同的遊戲之中，體育遊戲尤其能夠訓練兒童的各方面能力，
同時還能夠培養他們的社會能力。在進行體育遊戲的過程中，不僅能夠培養
兒童的合作精神和團隊精神，同時還能夠培養他們的領導能力，從而養成一
種健康向上的生活態度。」

「而『做工』也是兒童的一種重要天性，它不僅能夠訓練兒童動手動腦的
能力，同時還能夠透過這種方法向兒童灌輸知識。這在生活之中有很多實際
的例子，瓦特正是從燒水壺之中發現了改良蒸汽機的原理，而我們在植樹種
草的過程中，也可以學習相應的植物學知識。」

「所以，也可以說，教學的過程就是一個『做』的過程，如果兒童沒有去
『做』的機會，那麼其天性的發展必然會受到阻礙。兒童生來便具有一種想要
去接觸新鮮事物，想要去『做』各種工作的意願，並且對此擁有著強烈的興
趣，所以作為教育者應該對此予以特別的重視。」

「我將這種方式總結為『從做中學』的教育原則。『從做中學』就是從活動中學、從經驗中學，從而使學校裡知識的獲得與生活過程中的活動相互關聯起來。這也可以被看作兒童人生的一個有益的轉折點，它會更好地促進兒童的生長和發展。」

「而在另一方面，好的教學還需要能夠喚起兒童的思維，這裡說的思維，指的就是一種明智的學習方法，或者是一種明智的經驗方法。而作為一個完整的思維過程，我將其分為五個不同的步驟，統稱為『思維五步』。一是疑難的情境；二是確定疑難的所在；三是提出解決疑難的各種假設；四是對這些假設進行推斷；五是驗證或修改假設。這五個步驟的順序並不是固定不變的。」

「而與『思維五步』相對應的，我認為，教學的過程也應該分成五個步驟。一是老師提供給兒童一個與社會生活經驗相關聯的情境；二是使兒童有準備地應對在情境中產生的問題；三是使兒童產生對解決問題的思考和假設；四是兒童自己對解決問題的假設加以整理和排列；五是兒童透過應用來檢驗這些假設。」（見圖 14-8）

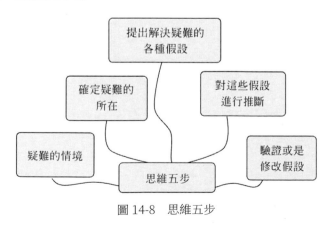

圖 14-8　思維五步

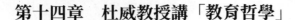

第十四章　杜威教授講「教育哲學」

「我將這五種不同的教學過程步驟稱為『教學五步』，這種教學方法可以讓兒童學會創造知識，從而更好地應對生活之中的各種問題，但是，顯然，想要完全貫徹這幾個不同的步驟，也並不是一件容易的事情。」

「說了這麼多，相信現在在座的各位應該已經知道『從兒童抓起』應該如何去做了吧。對於兒童來說，最好的教育方法應該是適應他們的天性的教學方法。而身為老師，在教學過程中，應該著力去協調自身與兒童之間的關係，依照兒童的思維方式，制訂相應的教育教學計畫。同時加強對於兒童動手能力的培養，透過『遊戲』和『做工』提高兒童的能力，則是兒童教育的關鍵所在。」

第十五章

羅素教授講「邏輯分析」

第十五章　羅素教授講「邏輯分析」

　　本章主要介紹了哲學家羅素（Russell）的哲學思想，除了身為哲學家外，羅素更是一位傑出的數學家。羅素在「邏輯分析」方面的理論深刻而複雜，如果直接理解會有較大的困難。本章挑選了幾個羅素重要的邏輯哲學觀點，用通俗易懂的方式呈現，從而讓讀者可以更好地理解羅素的邏輯思想。

　　羅素是英國哲學家、數學家、邏輯學家、歷史學家、文學家，分析哲學的主要創始人，世界和平運動的倡導者和組織者。主要作品有《西方哲學史》（History of Western Philosophy）、《哲學問題》（The Problems of Philosophy）、《心靈分析》（The Analysis of Mind）、《物之分析》（The Analysis of Matter）等。

第一節　分析的意義

　　「聽說今天的教授來頭很大啊。」走在路上的顧夢萍聽到幾個女生在大聲議論今天的教授。本學期的課程馬上就宣告結束了，顧夢萍似乎感到有些捨不得。仔細回憶前面聽過的課程，顧夢萍發現自己並沒有記住多少內容，但怎麼說呢？顧夢萍的心中卻依然感到收穫滿滿。

來到教室之後，顧夢萍很快找到了自己朋友們所在的位置，顧夢萍擠開人群，磕磕絆絆地在朋友們身旁坐下。

小 A：「你聽說今天來的教授很厲害了嗎？」

小 B：「嗯，聽說獲得過諾貝爾文學獎呢？」

小 C：「啊，那是一位文學家啊，不是要講哲學課嗎？」

小 D：「講哲學課是肯定的，但人家也可能講點別的啊，像是文學、寫作方面的內容之類的。」

對於顧夢萍來說，無論臺上的教授講哪方面的文學內容，自己都能夠跟得上節奏。雖然她主修哲學專業，但是顧夢萍其他學科也涉獵很多。當然，這只侷限於文學領域，在數學方面，顧夢萍雖然並不是一無所知，但也只是知道其中一二。如果可以選擇廢除一門學科，顧夢萍會毫不猶豫地選擇數學。

邏輯、數學和哲學各個學科之間都有著密切的關聯。

圖 15-1　邏輯與數學和哲學緊密相連

正當大家還在討論教授身分的時候，一位叼著煙斗的教授已經出現在了講臺之上。他緩緩地將煙斗放下，走向了講臺的正前方。講堂之中的同學看到了教授便都停止了討論。

「本週的哲學課程由我來為大家講授，在開講之前，我需要跟大家提前交流一下。我的哲學有些特別，如果說其他哲學家是從文學的角度去看待哲學問題的話，那麼，我可能更多會從數學、邏輯學的角

第十五章　羅素教授講「邏輯分析」

度去看待哲學中出現的問題。所以在下面我講的內容中會更多涉及數學和邏輯學，這讓大家理解起來可能會有些許困難。」（見圖 15-1）

「當然，在我講述的過程中，如果大家有什麼地方不懂，可以隨時提出來。如果沒什麼問題的話，我們就來開始第一節課程。」

聽到臺上教授的講述，顧夢萍已經隱隱約約感覺到了要出現一些問題。但直到最後，從教授的口中出現數學二字時，顧夢萍才真正感覺到了絕望。但處在教室中央的她此時也已經無路可退，只能繼續聽下去了。

「我始終認為算術以至於整個數學體系都可以從基本的邏輯原理中推導出來，然後它們能夠和哲學研究有效地結合起來。對於這一點，我曾進行了多年的探索，同時也取得了一些發現。」

「早在二十世紀初時，邏輯和數學之中便發現了許多悖論，這些悖論讓本以為可以江山永固的數學產生了極大的危機。而為了解決這一危機，我提出了邏輯主義的綱領。簡單地說，我的邏輯主義可以分為兩個部分，一部分是數學概念可以透過顯定義從邏輯概念中推導出來；而另一部分則是數學定理可以透過純邏輯推演由邏輯公理推導出來。」

「在我看來，各個種類的數，無論是正數、負數、分數，還是實數，都不是用通常增加自然數的定義域的方法來完成的，而是透過構造一種全新的定義域來實現的。我認為自然數並不構成分數的子集，而自然數 4 與分數 4/1 也並不是等同的。當然分數 1/2 同與它相關聯的實數也不是等同的。」

「而關於正整數和負整數，+1 與 -1 是關係，並且互為逆關係。+1 是 n+1 對 n 的關係，-1 是 n 對 n+1 的關係。一般地，如果 m 是任何歸納數，對任何 n 而言，+m 是 n+m 對 n 的關係，-m 是 n 對 n+m 的關係。+m 與

m 不同，因為 m 不是一個關係，而是許多類的一個類。m/n 被定義為，當 xn=ym 時，二歸納數 x 和 y 之間的一個關係。」

「當我在推導數學的過程之中，除了需要使用到邏輯公理外，還需要另外的一些特殊公理，也就是無窮公理和乘法公理。其中，無窮公理是說，如果 n 是一個歸納基數，則至少有一個類有 n 個個體。由此可以得到：如果 n 是一個歸納基數，並且至少有一個類有 n 個分子，那麼 n 不等於 n+1。乘法公理是說，對於不相交的非空集合所組成的每個集合至少存在一個選擇集合，也就是說這個集合與每一個集合恰好有一個共同元素。」

顧夢萍現在的感覺就像是聽天書一樣，她不明白這位教授為什麼要在哲學的課堂上一直講解難以理解的數學公理。這難道說對於哲學的研究，對於我們的生活有什麼特別的影響嗎？

「可能會有同學很好奇，我為什麼要花費這麼長的時間講解邏輯分析的內容呢？在這之前的許多哲學家都認為，知識問題就是認識論問題，人們只有借助認識論才能夠獲得知識。但是，在我看來，邏輯的分析方法也應該是哲學的一部分，因為它可以幫助我們更好、更確切地認識真理，同時也可以讓我們的知識獲得絕對的確定性，從而解決那些哲學還沒有辦法解決的問題。」

「雖然到現在，這種邏輯分析的方法還沒有辦法解決所有的問題，但是這種邏輯分析的方法卻可以幫助我們解決很多日常生活之中出現的問題。同時，對於我們日常生活之中的知識，借助邏輯分析的方法，也可以很快從中發現有關於意義和真理的問題。」

第二節　雞和蛋的問題想告訴我們什麼

「不知道大家是否理解了上一節課堂上我所講述的內容，雖然有些複雜，但是理解起來應該並不困難。但是在這節課之中，我所要講述的內容可能大家理解起來就不那麼容易了。在上節課之中，我提到了『悖論』這個詞，但是卻並沒有詳細地解釋它，在這節課開始之前，我先來為大家解釋一下這個概念。」

顧夢萍本以為熬過了第一堂課，自己就能夠從數學的漩渦之中解脫出來，但是沒有想到的是，自己竟然又踏入了另外一個漩渦之中。「悖論」是什麼？難道又和數學有著什麼樣的關聯嗎？

「悖論是表面上同一命題或推理中隱含著兩個對立的結論，而這兩個結論都能自圓其說。悖論的抽象公式就是：如果事件 A 發生，則推導出非 A，非 A 發生則推導出 A。悖論是命題或推理中隱含的思維的不同層次、意義（內容）和表達方式（形式）、主觀和客觀、主體和客體、事實和價值的混淆，是思維內容與思維形式、思維主體與思維客體、思維層次與思維對象的不對稱，是思維結構、邏輯結構的不對稱。」（見圖 15-2）

悖論的 抽象公式	如果事件A發生，則推導出 非A，非A發生則推導出A。

圖 15-2　悖論的抽象公式

「從產生的根本原因上來說，悖論是把傳統的邏輯形式化、把形式邏輯普適性絕對化。在悖論之中，形式邏輯往往被當作思維方式，可以說絕大多數的悖論都是因為形式邏輯思維方式而產生，形式邏輯思維方式所發現不了、解絕不了的邏輯錯誤。」

「有一個大家都曾經遇到的問題，但可能大家並沒有將其看作一種悖論問題。實際上，先有雞還是先有蛋這個問題就是一個悖論問題。可以說這個問題始終困擾著人類，相信在這裡即使我向大家提出這個問題，在座的各位應該也想不出合理的回答。那麼下面我就從不同的角度來為大家解答一下這個問題，同時大家也可以在我的解答之中逐漸認清這一悖論問題。」

「首先，我們要來明確這一問題並不是技術方面的問題，而是一個哲學問題。當然，這裡我們說的並不是雞生蛋的問題，而說的是先有雞還是先有蛋的問題。嚴格地說，這個問題是一個思維方式問題。」

「我們知道，任何空間排列的東西之間，都有著層次關係和時間關係，而空間和時間的層次是相互轉化的。一個事物的深層結構是低層結構的本質，整個事物的發展就是一個從本質到現象的過程。所以說，我們如果能夠找到空間並列的東西之間的層次關係，以及本質和現象的關係，就能找到時間先後的關係。所以我們解決先有雞還是先有蛋的問題，可以從這一方法著手。」

「我們先從哲學邏輯來看，公雞是不能孵蛋的，只有母雞才能孵蛋，但是蛋卻可以產生出公雞和母雞來，這就是說蛋是公雞和母雞的共同本質。根據上面所說的，先有本質，而後才會發展為現象，所以可以判定蛋在先。」

「而如果我們從生命科學的邏輯來看，我們會發現，雞和蛋也存在共同的本質，那就是細胞。細胞作為生命系統結構層次之中最深的一層，也是生命系統的本質。也就是說，從細胞到個體的展開過程就是從本質到現象的展開過程。在這裡，雞屬於個體，而雞蛋是從細胞到個體的演化過程，所以是蛋在先。」（見圖15-3）

圖 15-3　雞和蛋的問題

「大家認為上面的這兩種解釋足夠充分了嗎？能夠用來解決上面提到的問題了嗎？如果覺得上面這兩種解釋不充分，我們繼續來從不同的角度去進行分析。」

「我們知道自然界是從無機物轉變為有機物，簡單的有機物轉化為複雜的有機物，而後繼續轉變為動物的過程。任何一種新的物種的產生都是透過雜交或者基因突變演變而來的，那麼對於雞來說，這一點也不例外。所以我們可以理解為在雞產生之前，其他不同的禽類動物透過基因突變，從而產下了蛋，而蛋經過發育之後則成長為雞。所以，結論依然是先有蛋。」

「如果繼續向下探討，我們從不同的角度仍然會找到解釋這個問題的方法。但到這裡，我們不再深入探討下去，而是繼續回到有關悖論的探討上來。」

「我們要怎麼去認識悖論呢？這裡有一個悖論的標準形式來供大家參考。如果事件 A 發生，則能夠推導出非 A，非 A 發生，則能夠推導出 A，這是一

個自相矛盾的邏輯循環。舉個例子：這句話是錯的如果是事實，那麼這句話就是對的，但如果它是對的，那就與所說的這句話是錯的事實不符。我們反過來，這句話是錯的如果是假的，那麼這句話就是對的，但如果這句話是對的，那麼假設這句話是假的的結論就會被推翻，這也就矛盾。」

「大家可能已經被上面我所說的這些正反矛盾的話搞昏了，但是這也正是悖論的魅力所在。自從亞里斯多德以來，邏輯學家們提出了眾多邏輯方面的悖論。對於悖論感興趣的各位可以嘗試著按照一定的邏輯思路去探索一番。」

第三節　我為什麼而活著

「在最後一堂課之中，我要和大家來談一談人生方面的問題，人生是一個哲學問題嗎？當然是。所以我們在這裡來談談人生，談談我為什麼而活著的問題。」

「首先，在我進行講述之前，我希望大家首先來談談自己對於這個問題的看法，請問在座的各位是為了什麼而活著的呢？」

從複雜的數學、邏輯問題直接轉向了人生問題，這種大轉折對於顧夢萍來說顯得十分突然。但好的方面是，只是在人生問題上，顧夢萍的思路倒是完全能夠跟得上。人為了什麼而活著，這確實是一個值得思考的問題，但在大多數時候，人們只是將活著當作目的，而沒有其他方面的追求。或者說，人們無論是做什麼，都是將活著作為終極目的，至於是為了什麼，就顯得不那麼重要了。

大多數在講堂之中的人似乎也都有著同樣的想法，羅素教授提出問題

第十五章　羅素教授講「邏輯分析」

後，講堂之中從喧囂變成了小聲討論，又從小聲討論變得寂靜無聲。過了很長時間，一個清脆響亮的聲音打破了講堂之中的寧靜，原本凍結的空氣也開始繼續流轉，講堂中又再一次恢復了生機。

「在我看來，生活就是要不斷去獲取外界的知識，世界那麼大，即使我們沒有辦法一一去看。但是，透過各種渠道去獲取知識應該是我們的追求。生活是一個持續不斷的過程，而並不應該成為一種畢生追求的目的，為了活著而活著的人並不能算作真正地活著。」

顧夢萍循聲望去，果然這種高雅的回答只能出自哲學系校草學霸的口中。以顧夢萍的了解，這位學霸的人生目的確實就是不斷地獲取知識，他是那種可以依靠精神食糧存活於世的人類，而並不需要過多攝取物質食糧。

「生活是一個持續不斷的過程，這沒有錯，但同時也應該是我們所追求的一種目的。或者說我們為什麼活著，是因為我們想要活得更好，這就是最好的目的和理由。獲得知識是讓我們活得更好的一個條件，但不應該成為一種目的。」

校草學霸剛一坐下，一種不同的聲音從講堂的另一個角落響起，好像是為了與之抗衡一樣。這是顧夢萍第一次看到哲學系的男學霸和女學霸公開較量，這位女學霸的回答明顯是針對男學霸剛剛的回答。講堂之中的氣氛似乎在一瞬之間又凝重了起來，顧夢萍在等待著男學霸的反擊，同時也有許多人在為女學霸搖旗吶喊。

「這並不是一個封閉性的問題，正如同學們的不同論證一樣，我也並不能說出哪種答案更加正確。所以在大家的答案之外，我談一談我關於這個問題的一些看法。」

　　羅素教授並沒有去評論大家的觀點，而是將問題轉向了其他的方面。在顧夢萍看來，羅素教授在雲淡風輕之間似乎化解了一場血雨腥風。細細想來，這種問題本就沒有什麼正確答案可言，但是並不是說沒有答案的問題就不值得去思考，我們探索和思考想要獲得的並不僅僅是問題的答案，而是一種面對這種問題應該秉持的態度。而現在，羅素教授所要講的正是自己在面對這一問題時所應秉持的態度。

正因為我們始終不斷的追求那些美好的東西，所以我們才要活著。

圖 15-4　活著就要追求美好

　　「在我的一生之中，對愛情的渴望，對知識的追求，對人類苦難不可遏制的同情心，正是這三種純潔無比的激情支配著我的一生。而三種激情就像是颶風一樣，在深深的苦海上，肆意把我吹來吹去，以至於吹到了瀕臨絕望的邊緣。」（見圖 15-4）

　　「首先我尋求愛情，因為愛情給我帶來了狂喜，它如此強烈，以至於我經常願意為了幾個小時的歡愉而犧牲生命之中的其他一切。其次，我尋求愛

情是因為它可以解除孤寂。最後，我尋求愛情是因為在愛情的結合中，我看到聖徒和詩人們所想像的天堂景象的神祕縮影。正因如此，我才會不斷尋求它，雖然它對人生似乎過於美好，但幸運的是，我最終還是得到了它。」

「我不僅對愛情充滿了渴望，在追求知識方面我也同樣有著強烈的熱情。我希望去了解人的心靈，我希望知道星星為什麼會閃閃發光，我更希望去了解畢達哥拉斯的思想威力。雖然在這些方面，我獲得了一些成就，但是相對於浩瀚無垠的知識海洋來說，我所了解到的東西並不多。所以我渴望去尋求知識。」

「愛情和知識可以將我們引上天堂，但我們畢竟生活在凡塵俗世之中，而在塵世之中，我所要追尋的則是一種對人類苦難不可遏制的同情心。痛苦的呼喚經常在我心中迴蕩，飢餓的兒童，被壓迫被折磨者，被兒女視為負擔的無助的老人以及充滿孤寂、貧窮和痛苦的整個世界，都是對人類應有生活的嘲諷。」

「為什麼有的人可以生活安逸，有的人卻苦難連連。是他們生活得不夠努力嗎？並不是，不幸對於每一個人來說都是公平的，但是卻並非每一個人都有應對不幸的能力。我真切地希望能夠減少這種不幸，但事實上，對此我卻無能為力，因為我自己也深受其害。」

「這些便是我一生之中的追求，我渴望去追尋它們，它們也值得我去追尋。如果能夠再有一次機會重新活一次，我仍然希望能夠繼續追尋它們。顯然我是無法做到這一點了，但對於在座的各位來說，這種寶貴的機會就在你們的手中。所以無論去追尋什麼，只要是無愧於自己的內心，無愧於社會正義，那就去追尋吧。」

第十六章

沙特教授講「自由」

第十六章　沙特教授講「自由」

　　本章主要介紹了哲學家沙特（Sartrc）的哲學思想，沙特哲學思想的核心是自由，這與現代主流社會追求自由平等的意志是相一致的。但沙特自由觀的內容要更加複雜，也更加廣泛。在本章中，讀者可以全面了解到沙特關於自由的眾多理論。

　　沙特是法國二十世紀最重要的哲學家之一，法國無神論存在主義的主要代表人物，西方社會主義最積極的倡導者之一，他也是優秀的文學家、戲劇家、評論家和社會活動家。

第一節　人和物之間的區別

　　這一學年的「趣味哲學」課已經迎來了尾聲，顧夢萍早早來到了講堂之中。好像是為了一種儀式感一樣，顧夢萍端坐在座位上，環顧著幾百年前建成的這座講堂。雖然經過了數次的翻新修整，但這座講堂依然擁有一種歷史的沉重感，正如在過去一年中，那些曾在這裡傳播自己思想的哲學家們一樣。

　　不知在什麼時候，顧夢萍的目光落在了講臺上的教授身上。講臺上的教授看上去已經準備就緒，他將自己的菸斗放在一旁，向著講臺前方走去。

　　「我是本學期最後一位為大家講課的教授，大家可以稱呼我為沙特教授。對於我所要講述的內容，可能在座的大多數人也都清楚。但是具體來說，大家清楚的程度有多深，我就不得而知了，所以我還是按照自己的方式來進行講述，如果大家有什麼疑問，可以隨時打斷我的講述，提出問題。」

　　「在第一堂課之中，我想要和大家談一個哲學研究的最基本的問題，那就是人的本質屬性問題。相信在此之前，大家已經聽到過許多哲學家關於這個問題的論述。答案可能有很多種，理由也是千千萬萬，而在這眾多答案之中，應該有不少哲學家會認為人的自由也是人的一種本質屬性。可能在座的各位也會有不少人有這樣的想法，但是在我看來，這完全是無稽之談。」

> 人的存在是先於本質的，而物的本質卻是先於存在的。

圖 16-1　存在與本質

第十六章　沙特教授講「自由」

「我認為，自由並不是屬於人的本質的一種性質，更多的，它應該屬於人的存在，是使人的本質成為可能的東西。我覺得我們應該把自由和人的存在等同起來，並且認為人的自由在人的本質之前與人的存在先於人的本質是同義的。基於這一方面的內容，我又得出了一個關於『存在先於本質』的觀點。」（見圖 16-1）

「在我的《存在主義是一種人道主義》（L'existentialisme est un humanisme）一書之中，我詳細論述過這一方面的內容：『我們所說的存在先於本質是什麼意思呢？我們的意思首先是說，人首先存在，與自身相遇，在這個世界上崛起，然後才規定他自己。如果說人就是和存在主義者所說的一樣是無法規定的，那是因為人之初是個無。他什麼都不是，直到後來他才是把自己造就的那種人。因此，人性是沒有的，因為並不存在具有人性概念的上帝，人只是存在的。並不是說他只是他設想的那種人，而是說他是他願意所是的人，而且是在已經存在之後，才像他設想他自己的那樣 —— 在躍向存在之後才像他願意所是的人。人不是別的，只是他自己所造就的東西。』」

「在這裡，我需要提醒大家的是，這種『存在先於本質』的觀點，所針對的是人而並不是物。物的本質在它被生產出來之前就已經被生產者確定了，正因如此，所以物的本質是先於存在的。而從這裡，我們也能夠發現人與物之間的一種重要的區別。」

「人在最初是什麼也沒有的，人的本質不可能由人自身以外的某個創造者來決定。人想要成為一個什麼樣的人，想要具有怎樣的特性，完全可以由人自身來自由決定，可以說人是完全可以自由地創造自己的。當然，這裡所說的人並不是指物質的人，也並不是指作為客體的、對象的人，而是作為一種自為存在的人。」

「物便不是自為的存在，這一點大家從前面的論述之中便可發現。而自為存在的實在性就在於它的否定性，它可以使人從因果鏈條之中解放出來。所以我們可以發現，自由和否定是相同的，都是自為存在的結構，也是自為存在的根本特徵。」

「我將存在分為兩種不同的類型，一種是自在的存在；另一種便是上面所說的自為的存在。我們要如何理解這兩種存在呢？自在的存在就是客觀存在的物質，我們無法從它們身上找到規律，這是一種具有偶然性的存在。我們在面對這種存在時，可能會感到迷茫和無所適從。」

「而自為的存在則不同，如前面所說，自為的存在是人的意識，是透過對自在的存在的一種否定來規定自身的。人可以透過自己的意識從不斷否定自己的過程中去展現自己，也可以說，人類可以從現在起為自己的未來進行籌劃，從而在未來之中找到相應的結局。」

「正如我們前面提到的一樣，人是『存在先於本質』的，而物則是『本質先於存在』的，這是兩者之間的重要區別。同時這也決定了人可以按照自己的意識去創造和利用物，也可以說，人的意識是決定其他物質存在的一個根源所在。」

第二節　你的選擇決定你的未來

「在前面的課程中，我講到了一些關於『存在先於本質』的內容。並提到了人是自由的這一問題，在這節課中，我們將由此繼續展開，在談論自由的同時，我們來談談選擇的問題。在我看來，人的絕對自由就是指人要成為什麼樣的人，具有什麼樣的本質，完全取決於自己的選擇和行動。自由之所

第十六章　沙特教授講「自由」

以被稱為自由就是因為選擇永遠是無條件的，我們可以選擇自己要走的路，並去設計自己的未來。」

「前面我提到，人的自由正是人的意識存在，所以只要我們仍然存活著，擁有意識，那我們就是自由的。但我們卻並不能將這種自由理解為我們生活之中的所有自由，因為在現實生活之中的各種具體的自由，會受到各種不同的具體條件的限制。這也正是我們不能在現實生活之中隨心所欲、為所欲為的原因。」（見圖16-2）

牢籠可以禁錮你行動上的自由，但是卻沒有辦法禁錮你思想上的自由。

圖 16-2　思想是自由的

顧夢萍始終在全神貫注地跟隨著沙特教授的思路，原以為自己已經理解了教授關於自由的闡述。但是對於這種沙特教授所說的自由與現實生活之中的自由有什麼區別，顧夢萍卻依然沒有搞清楚。

「為了讓大家更好地了解前面的內容，我來舉一個例子。我們知道，當一個人觸犯了法律之後，會被丟到監獄之中接受懲罰，那麼這時他便失去了在現實生活之中的自由。並且在關押期間他還需要聽從關押人員的指揮，不能隨意走動，也不能選擇逃跑。」

「那麼這些人便不自由了嗎？並不是這樣的。因為在思想上，他們可以自由地選擇逃跑，或者選擇尋找其他的方法進行對抗，當然，他們這些自由選擇的辦法並不一定能夠成功，但這卻並不能否定他們自由的選擇，同時也不能否認他們的自由。」

「從上面的例子之中，我們也可以發現，選擇是否能夠成功，與具體的自由相關，而與自由本身並無關聯。任何一個人在任何地點、任何時間以及任何的具體條件之下，都可以在思想上對自己所面臨的多種可能性進行選擇。」

「那麼與選擇有著密切關係的行動，也是我們必須要研究的一個重要內容。可以說，行動是一個人的一切。一方面，自由是對其存在的選擇。而另一方面，行動則是自由的一種表現。在我看來，在人與對象的關係中，人只有透過行動才能夠介入世界之中，也只有透過行動，才能展現選擇的權利。」

「而在人與人的關係中，行動則更多的是人的一種普遍能力，只有透過行動，人與人的關聯才能夠產生和發展。行動是人存在的根本屬性，也只有行動才能證明人的存在，才能使人主宰自己的命運。而這種行動並不是一種被決定的機械運動，它是人的自主行動，這其中選擇是一個重要的因素。」

「想要理解上面的內容，其實很簡單。當我們看到一個人掉入水中，他並沒有行動，只是不小心掉入水中而已。而當我們看到跳水運動員從跳臺上跳入水中時，這時我們知道，他做出了一個行動。」

「如果在座的各位從頭到尾認真聽完了我的講述，大家應該可以發現，我們從自由談到了選擇，而又從選擇談到了行動。在我看來，我們每一個人都是自由的，而自由的我們可以做出各種各樣的選擇，這些選擇也會產生各種各樣的結果。」

「但是在選擇和結果之間，還有一個重要因素就是行動，選擇產生結果需要行動從中起作用。自由行動才能讓選擇產生效果，很多時候我們僅僅是選擇了，卻並沒有做出相應的行動，那麼最終也不會產生我們所想要追求的

第十六章　沙特教授講「自由」

結果。」

　　「很多時候，選擇是與行動相伴而行的，選擇往往伴隨著一定的行動。當我們自由選擇一個方向之後，只有一步一步腳踏實地地走過去才有可能看到終點在哪裡。我們的選擇可能會決定我們的未來，其中的原因也不言而喻了。」（見圖 16-3）

圖 16-3　人生的抉擇

　　「我們選擇在一條荊棘叢生的道路之中前行，就必定會在行動過程中受到諸多阻礙。但當我們透過行動跨越了這些阻礙之後，我們會發現這條道路所指向的是光明的未來。對於我們來說，那應該是一生所追求的目標。」

　　「正如前面我們所提到的一樣，一個人成為什麼樣的人，不是先由其本質決定的，也不是由社會條件決定的，更不是由上帝決定的。人成為什麼樣的人，是完全由自己決定的。每個人在世界上都是獨一無二的，所以人想要成為真正的人，就必須保持自己的個性獨立，不受外界的限制。」

「而人的選擇也應該保持獨立，它應該表現為對自己生活的一種自由謀劃，是自己設計自己，自己選擇自己，自己規定自己。所以，在這個世界上，沒有人能夠告訴你該如何做，但是你卻可以選擇自己成為怎樣的人。透過選擇來規劃自己，然後透過行動來完成選擇，你的選擇決定你的未來。」

第三節　戴著枷鎖的自由

「我所講述的自由並不是一種為所欲為的自由，這一點，我在前面的課程之中，已經為大家介紹了。很多人正是由此認為，我為自由帶上了枷鎖，但是，究竟自由所背負的是不是枷鎖，在這堂課之中，我將會為大家進行講述。」

對於顧夢萍來說，自由並不代表為所欲為這一觀點，並不是那麼難以理解。就像是國家法律賦予人民權利，同時也以此來規範人們的行為。可以說人民是自由的，但這種自由往往只是在法律之內的。如果自由觸犯了法律，那麼自由也便不存在了。

「在上一節課程之中，我們提到了選擇和行動是並重的，而自由是對存在的選擇，同時行動則是自由的表現。那麼這就是說，人必須要不斷超越自己以及他當下的存在，從而不但創造更新也會把可能性變為現實性。而這一切都需要依靠人的實際行動來完成。」

「我們人類正是按照自己自由選擇的理想、計畫和行動構成的，所以，人的自由和人的本質無非就是這些選擇、計畫和行動，沒有行動也就沒有人的實質存在。正因此，積極行動可以展現自由的意義，可以展現人的本質。」

「那麼，我們為什麼要說自由是帶著枷鎖的？那是因為我們個人應該對於

第十六章　沙特教授講「自由」

自己的選擇和行動的結果承擔全部的責任和後果。而這裡所說的責任，是以自由為基礎的責任。它有兩個方面的內容，一方面是個體透過自由選擇和行動後產生的對自己的責任。而另一方面是因個人的行為選擇而造成對他人和社會的責任。」

「我們始終是自由的，我們可以自由地做出選擇，但這種選擇不僅應只對自己負責，同時也應對他人負責。人們肩負著全世界的重擔，在為全世界負責的同時，也為作為一定存在方式的自己本人負責。」

「其實這件事情似乎很好理解，人們之所以要對自己負責，是因為這個選擇是他自己所做出的，所以他必須要承擔這種自由選擇的結果。這是我們要對自己負責的一個必然原因，我們沒有辦法找到任何的藉口和理由來推卸這種責任。而我們要對他人負責，是因為我們個人的自由選擇，在一定程度上，或大或小地會牽涉其他人，所以如果想要透過任何的理由來逃避這種責任，也是一種不道德的行為。」

「這一點，大家不如仔細思考一下自己的現實生活，這種例子也是比比皆是的。為了順利畢業，拿到學分，大家必須要忍受枯燥和無聊，來到這裡學習我的課程。那麼大家可以不來聽課嗎？可以，當然可以，因為大家都是自由的，所以大家有權利自由選擇是否來到這裡聽課。但是為什麼明明可以自由選擇不來這裡聽課，為什麼大多數同學並不喜歡我的課程，卻依然來到了我的課堂之上呢？」

「這其中所展現的就是責任了，因為如果大家按照自己的自由選擇，而不來聽我的課，那麼在最後的考試之中，就會得到不及格的成績，從而受到應有的懲罰。所以也可以說，大家是為了自己的選擇而負責，才不得不來到這裡上課的。」

「無論我們做什麼，都不能讓自己與責任相脫離，即使是一分鐘也不可能。當人在做出自由選擇的同時，會影響到其他人的選擇，而所有人的選擇都是為了更好的結果，所以自由選擇必須承擔責任。在這裡，它必須要考慮如何實現自己，同時也要考慮自身所處的境遇和如何去適應他人甚至是全人類。」

「既要讓自己滿意，又要讓別人能夠接受，其中責任的重大是難以想像的。每一做事，似乎整個人類都在用兩隻眼睛盯著自己。我們作為社會之中的個體，在行為做事的時候，不能夠只是侷限在眼前自身的存在，而是應該關注更為廣大的圍繞在我們周圍的存在。因為個體的行為是無法與社會整體割裂開來的，所以我們在享受自由的同時，也要對我們的行為負責。」

「因此，自由並不是完全絕對的、沒有條件的，而是伴隨著責任的。當我們做出選擇的時候，必然會影響到圍繞在我們身邊的其他人。而如果我們隨心所欲地去進行選擇和行動，那麼便會很有可能給他人帶來麻煩，從而破壞他人的自由。同樣，當他人隨心所欲地自由選擇時，也會破壞我們的自由。」（見圖 16-4）

如果我們把責任當做一種擔當，是不是就不會感受到自己的自由被枷鎖束縛了呢？

圖 16-4　把責任當作擔當

「所以，當我們在集體和社會之中生活的時候，在進行自由選擇之前，一定要首先考慮他人的感受，如果不考慮自己的行動應該承擔的責任，那麼我們反而會因為這種自由選擇而失去自由。人一旦自由之後，便無所依傍，孤立的人沒有可以證

明自己行為正當的理性和法律，同時也失去了藉以衡量行為的價值判斷。這樣不僅沒有辦法證明選擇的正當性，同時也沒有辦法為不正當的行為進行辯解。」

「所以，既然如此，那麼人類自己就應該是自己行為的決定者，也應該是責任的承擔者，而不應該，也沒有任何理由將這種責任推脫給其他的任何人。做出怎樣的選擇和行動，就要承擔怎樣的責任與結果，人生而自由，但沒有人不在枷鎖之中。」

第四節　人為什麼要自欺

「在前面的課程之中，我們談到了很多關於自由的理論，在這堂課中，我們換一個角度，來一起探討一下關於『自欺』的形成原因。雖然與自由僅僅一字之差，但很明顯，自由和自欺是完全不同的，但如果大家仔細分析就會發現，其實在自由與自欺之間存在一種並不容易被人發現的關聯。在這節課中，我們就來找到這種關聯，同時也了解一下『人為什麼要自欺』這個問題。」

單純地談論自由和自欺，顧夢萍還能夠清楚分辨兩者之間的區別，但如果非要將兩者放置在一定的關聯之中，這便讓顧夢萍對此毫無頭緒了。提到自欺，顧夢萍最先想到的是「自欺欺人」這個成語，從意義上來理解，自欺是自己欺騙自己。那麼人的自由與人自己欺騙自己這件事有什麼關係，就要看沙特教授如何解釋了。

「在探討自欺之前，我們首先來認識一下『說謊』這個概念。可以說，在某種程度上，這兩者是有一定關聯的，但實際上，兩者的區別也很明顯。說

謊是一種否定的態度，它往往指向意識之外的對象，並不是一種關於意識自身的否定。」

「說謊的人往往都有一個明確的欺騙意圖，在這種意圖的引導下，說謊的人精心地設置騙局，從而實現了一個欺騙行為。在我看來，說謊是一個超越的行為，這是因為說謊的否定是針對對象而不是針對意識自身的。說謊者有一個明確的欺騙動機，他在清醒狀態下謀劃謊言，同時又千方百計讓別人把謊言視作真情。」

「那麼自欺又是什麼呢？從上面的論述中，我們可以把自欺看作自己對自己說謊。與說謊不同的是，說謊是向他人掩蓋真情，而自欺則是對自己掩蓋真情。在說謊的行為之中，欺騙者和被騙者是兩個人，而在自欺之中，則是同一個人。這一點大家應該都能夠很好地理解，所在，在我看來，自欺在本質上包含一種意識的單一性。」

「不知道在座的各位是否有過這種自欺的行為，一般來說，自欺的人應該有自欺的意識，但如果一個人意識到自己在欺騙自己，那麼這種欺騙活動就會失去效果。可是，在我們的現實生活之中，自欺這種現象又是十分常見和普遍的。它究竟是如何產生的呢？」

「一位女子第一次去約會，她知道對方在想什麼，同時也知道自己遲早會做出決定。但是，這位女子僅僅只是迷戀於對方謙恭的態度，而不想看到在這種態度背後必然會展現的東西。換一種說法，這位女子不但不願意真切地了解對方，同時也不願意正視自己的心靈深處。但實際上，她還是選擇了與對方戀愛。」

「在我看來，這位女子必然不會單純迷戀於對方外表的謙恭，吸引她的是在謙恭魅力下隱藏的性意味。而在另一方面，這個女子自以為是處在愛情思

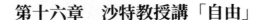

第十六章　沙特教授講「自由」

辨的誇誇其談之中，但實際上，這只不過是情慾的轉移和替代而已。這個女子處在一種自欺的狀態之中，但為何會如此呢？」

「我發現，這個女子之所以能夠以不同的方法處於自欺之中，其本質原因在於人的存在結構可以把一個觀念和對這個觀念的否定統一在自身之中。而在這個女子的存在之中，對情慾的否定和堅持可以統一在一起，也正是透過對情慾的否定，她才達到了享受情慾的目的。」

「而自欺正是利用了人的存在的雙重性質，這種雙重性是人的存在的特徵。在我看來，自為的真實處境是指人的自由行動持續不斷地克服困難，同時在這個過程中也會受到頑強的阻抗，使人處於逆境之中。自為存在的具體情境主要包括人的身體，作為一種超越的存在，自為不是純粹的超越，而是對具體情境的超越。」

「所以，人的存在既指其現實的存在，又指其超越性的存在。人是在現實性中實現超越性的，而其現實性本身就是超越的，人們在把握其中的一個方面時，可能會突然面對另外一個方面。而在自欺之中，人既不能取消這兩個方面，也不能對它們綜合協調，而是在保存它們的區別中肯定它們的同一。」

「在自欺之中，真誠是非常重要的，可以說沒有真誠就沒有自欺。我們相信謊言是因為被對方的精心策劃所欺騙，但在自欺之中則是出於真誠。這表現為對人要達到的某種類型的期盼。人對於他本身來說應該只是是其所是，是一種完全的唯一的是其所是。」

「在自欺之中，當我們把存在的真實性和超越性割裂之後，在真誠的要求之下，我們會把自身單一化、凝固化，從而使我們成為是其所是。對於自欺來說，真誠要比真實更加重要，真實涉及客觀現實，而真誠則是對主體的要

求，其目的在於把主體這種自為的存在變成完全肯定性的自在存在。」

「而構成自欺的另一個重要環節就是相信。在自欺之中，人們往往不相信真實存在的東西，從而逃避人們所是的東西，去相信那些虛假的東西。自欺的根本問題就是相信問題。這種相信往往缺少深思熟慮的思考，而是人的一種自發決定。」（見圖 16-5）

圖 16-5　自欺

逃避自由的人會變成自欺的人。

圖 16-6　不要成為逃避自由的人

「人們努力使自己變得真誠，讓自己變得單一，這些舉動都表明了人是處在自欺之中的。人是自由的，人能夠意識到自己的自由，但是卻不知道這種自由。為了追求安定和平和，人們總是逃避自由而將自己本質化，這就是產生自欺的主要原因。」（見圖 16-6）

哲學哪有這麼深奧

你不醜，只是對方太美？結婚是因為你空虛寂寞覺得冷？
十六位哲學大師帶你將複雜的理論化為逗趣的對談

作　　者：劉帥

發 行 人：黃振庭

出 版 者：崧燁文化事業有限公司

發 行 者：崧燁文化事業有限公司

E-mail：sonbookservice@gmail.com

粉 絲 頁：https://www.facebook.com/
　　　　　sonbookss/

網　　址：https://sonbook.net/

地　　址：台北市中正區重慶南路一段六十一號八
　　　　　樓 815 室

Rm. 815, 8F., No.61, Sec. 1, Chongqing S. Rd.,
Zhongzheng Dist., Taipei City 100, Taiwan

電　　話：(02) 2370-3310

傳　　真：(02) 2388-1990

印　　刷：京峯彩色印刷有限公司（京峰數位）

律師顧問：廣華律師事務所 張珮琦律師

國家圖書館出版品預行編目資料

哲學哪有這麼深奧：你不醜，只是
對方太美？結婚是因為你空虛寂寞
覺得冷？十六位哲學大師帶你將複
雜的理論化為逗趣的對談 / 劉帥著.
-- 第一版 . -- 臺北市：崧燁文化事
業有限公司 , 2022.03
　面；　公分
POD 版
ISBN 978-626-332-151-9(平裝)
1.CST: 哲學 2.CST: 通俗作品
100　　　111002333

電子書購買

臉書